L'ART DE FILMER

L'ART DE FILMER

APPRENDRE (ET TRANSGRESSER) LES RÈGLES DE LA COMPOSITION

GUSTAVO MERCADO

Publié par les éditions Pearson France
Immeuble Terra Nova II
74 rue de Lagny
93100 MONTREUIL
Tél : 01.43.62.31.00
www.pearson.fr

Titre original : *The filmmaker's eye*

ISBN : 978-0-240-81217-5

Traduction : Philip Escartin

Mise en page : Léa B.

ISBN : 978-2-7440-9563-4

Ce livre est dédié à mes parents, Julio et Maria Mercado, dont l'amour et le respect pour les films continuent à m'inspirer.

sommaire

remerciements

Je souhaite exprimer ma gratitude à toutes les personnes qui m'ont aidé dans la préparation et la réalisation de ce livre.

Je remercie sincèrement l'équipe de Focal Press : Robert Clements, Anne McGee, Denis Schaefer, Chris Simpson, et plus particulièrement Elinor Actipis. Ils m'ont apporté des suggestions et ouvert des voies de réflexion du début à la fin de mon entreprise (y compris l'excellent titre de l'ouvrage *The filmmaker's eye*). Leur engagement sans faille a permis de préserver le concept original qui sous-tend ce livre.

Je souhaite également remercier mes collaborateurs du Film & Media Studies Department à l'Hunter College de la City University de New York. La passion qu'ils manifestent pour l'étude et l'enseignement des arts liés au cinéma a toujours été une source d'encouragement et d'inspiration. Je pense tout particulièrement à Richard Barsam, Michael Gitlin, Andrew Lund, Ivone Margulies, Joe McElhaney, Robert Stanley, Renato Tonelli, Shanti Thakur et Joel Zuker. Je remercie également la présidence de l'Hunter College composée de Jennifer J. Raab, Provost Vita C. Rabinowitz, Dean Shirley, Clay Scott, ainsi que James Roman, chef de département au Film & Media Studies. Ils ont toujours su créer une atmosphère particulière au service des étudiants et des enseignants.

Ma reconnaissance s'adresse également à Jerry Carlson, David Davidson, Herman Lew et Lana Lin du City College de la City University de New York, qui m'ont fait partager leurs connaissances et leur conseils. Je tiens à remercier Elvis Maynard pour son assistance éclairée dans mes recherches.

Toutes les personnes qui ont supervisé ce livre d'une manière ou d'une autre m'ont fait de magnifiques suggestions permettant d'améliorer le contenu de l'ouvrage. Je remercie donc David A. Anselmi de l'Université California Berkeley Extension, David Crossman du Ravensbourne College of Design and Communication, David Tainer de l'Université DePaul et Katherine Hurbis-Cherrier de l'université de New York, qui a toujours trouvé le mot juste au moment où il le fallait.

J'adresse un remerciement spécial à mon adorable épouse Yuki Takeshima, dont la patience infinie, le soutien et la compréhension m'ont permis de tenir des jours et des nuits devant l'écran de mon ordinateur.

Enfin, je remercie mon professeur, collègue, mentor et ami Mick Hurbis-Cherrier, dont les analyses, l'assistance, les idées et les conseils ont permis d'améliorer la rédaction de mon manuscrit. Son enseignement et sa passion pour le cinéma résonnent à chaque page du livre que vous avez entre les mains.

Up in the Air, *Jason Reitman, 2009*.

introduction

Avec des amis, nous avons vu *Up in the Air* de Jason Reitman (2009) à sa sortie en salle. En quittant le cinéma, nous avons discuté du film. Certains de mes amis l'avaient apprécié, d'autres le trouvaient un peu lent, et quelques-uns considéraient qu'il s'agissait d'un chef-d'œuvre. À un moment de notre conversation, nous commençâmes à nous focaliser sur l'aspect purement cinématographique du film. L'un de mes amis nous rappela la précision du plan représenté ci-contre. Nous étions tous d'accord sur ce fait. D'ailleurs, nous en avions tous le même souvenir. Pourquoi ? Quelle était la particularité de ce plan ? Quelle était sa composition ? Et qu'en était-il de l'action ? Ou bien était-ce autre chose qui rendait ce plan aussi mémorable ?

Pour bien comprendre l'impact de ce plan, il nous fallait le replacer dans son contexte. Natalie (Anna Kendrick) est une jeune employée dynamique et prometteuse à qui l'on demande de trouver le moyen de licencier des employés. Elle met au point une méthode qui permet de congédier les gens par simple vidéo conférence, ce qui fait économiser beaucoup d'argent à son employeur (une entreprise spécialisée dans le licenciement). Ryan (Georges Clooney), un vétéran du licenciement, doute d'un système qui écarte tout contact humain. Le patron de l'entreprise lui demande de former Natalie. Pour la première fois, la jeune femme se retrouve face aux employés qu'elle doit licencier. Le montage montre les employés réagissant à la nouvelle de leur licenciement. Juste après ce plan, nous voyons Natalie assise dans une salle pleine de fauteuils vides, où elle attend Ryan. Lorsqu'il arrive, il lui demande si tout va bien, question à laquelle elle ne répond pas. Tous deux quittent la salle. Nous saisissons alors que le contexte d'apparition de ce plan lui donne toute sa force. Sa composition est simple puisqu'il s'agit d'un plan d'ensemble de Natalie entourée de fauteuils vides. Toutefois, en y regardant de plus près, nous constatons que ce plan brise certaines règles de composition. Dès lors, une image symbolique bien plus profonde ressort de cette prise de vue.

Tout d'abord, le fait de filmer Natalie en plan d'ensemble, c'est-à-dire dans un espace où elle apparaît en intégralité et entourée de fauteuils vides, renforce l'impact des licenciements qu'elle vient d'annoncer. Psychologiquement, le réalisateur montre l'état de solitude dans lequel se retrouve le personnage. Cette solitude est renforcée par la légère plongée, qui permet de bien voir que les fauteuils sont vides. Ce plan d'ensemble en plongée montre Natalie complètement démunie, vulnérable et décomposée. (La plongée véhicule en général ce type d'émotions.) Le positionnement de Natalie dans le cadre respecte la règle des tiers. Cela crée une composition dynamique, qui nous permet de bien comprendre le rôle joué par l'espace vide juste sous les yeux du personnage. Pour ce plan, le choix de la distance qui sépare la caméra de l'actrice est fondamentale. En effet, ce plan dispose d'une très grande profondeur de champ qui renforce l'état de solitude de Natalie dans un décor quasiment net de zéro à l'infini. Il est impossible de concentrer notre attention uniquement sur l'actrice. Nous avons une vision globale du lieu et de ses éléments.

Cette composition transmet au spectateur les sensations ressenties par Natalie à ce moment précis de l'histoire. Le réalisateur nous fait comprendre à quel point la jeune femme passe d'une expression virtuelle à une expression réelle de son métier. La réussite de ce plan est le résultat d'une savante combinaison d'éléments techniques, de choix de composition, et d'un contexte narratif. De ce fait, ce plan nous avait fait forte impression. Il ne représentait pas uniquement la conséquence de licenciements, mais aussi et surtout l'impact d'un contexte sur le personnage, avec une éloquence et une résonance narrative indéniables.

Ce livre est une approche des règles de composition cinématique qui prennent en compte les aspects techniques et narratifs, comme dans cet exemple tiré du film *Up in the Air*. Ce type d'analyse permet une exploration approfondie d'un des éléments fondamentaux du langage cinématographique : le plan. En se focalisant sur les règles de composition d'un cadre, et en examinant les outils nécessaires pour le créer, grâce à des analyses élaborées à partir de films du patrimoine cinématographique, vous parviendrez à déterminer les éléments à mettre en œuvre pour obtenir un plan visuellement convaincant, et dont l'impact sur la narration est significatif.

Une question peut surgir dans votre esprit : pourquoi se focaliser sur des règles de composition singulières alors qu'il semblerait plus judicieux d'apprendre les principes de base de la composition visuelle? La réponse est simple. Au fur et à mesure que le langage cinématographique s'est développé, certaines règles de composition sont devenues des standards. En d'autres termes, ces règles s'appliquaient systématiquement à certains types de plans. *De facto*, pour bien comprendre les raisons de la mise en œuvre de ces règles, l'on doit considérer le plan comme l'imbrication d'éléments narratifs et de choix techniques. Alors, l'étude détaillée de sa structure, des techniques nécessaires à sa réalisation et de ses conventions narratives nous permet de révéler les mécanismes qui en font des règles de composition conventionnelle.

Mais, au-delà de ces principes établis, ce livre montre que les règles de composition cinématique ne sont pas gravées dans le marbre. Elles sont souples et si vous souhaitez créer des plans surprenants, voire contradictoires, vous devrez parfois les transgresser. Pour cette raison, l'analyse de chaque plan contient un exemple où les règles ont été brisées. Cette attitude, comprise et maîtrisée, permet de travailler dans un sens créatif inattendu qui dynamise les aspects narratifs du film. Ainsi, l'apprentissage des règles est nécessaire pour savoir quand et comment les briser.

Pour bien comprendre les explications données dans ce livre, vous devez connaître un certain nombre de termes essentiels liés à la composition et à la cinématographie. Ces termes figurent en gras dans la plupart des chapitres. Ils sont définis au chapitre *Les principes de la composition et les concepts techniques*. Si vous souhaitez approfondir vos connaissances encyclopédiques, je vous conseille d'autres ouvrages sur la composition visuelle. Ainsi, je recommande fortement *L'œil du photographe* de Michael Freeman publié aux éditions Pearson, et *The Visual Story: Creating the Visual Structure of Film, TV, and Digital Media* de Bruce Block publié chez Focal Press. Si vous recherchez un guide des techniques de production cinématographique et vidéographique, lisez l'ouvrage de mon mentor et ami Mick Hurbis-Cherriet qui s'intitule *Voice & Vision: A Creative Approach to Narrative Film and DV Production*, également publié chez Focal Press.

L'Art de filmer utilise une approche novatrice pour expliquer les règles de la composition cinématographique, et apprendre à les transgresser. Il montre aussi comment les employer pour aller bien au-delà des principes les plus classiques qui régissent les conventions de la narration. Sachez que vous n'êtes jamais prisonnier d'une technique. Vous avez la liberté d'exploiter et d'interpréter cette technique en fonction des besoins spécifiques de votre histoire. Mon objectif est de vous faire apprécier l'impact et la résonance de vos choix, dès lors qu'ils sont fondés sur une compréhension du rôle que jouent les plans dans le schéma thématique de votre histoire. Il est essentiel d'avoir une approche conceptuelle de chaque plan pour délivrer toute la puissance de vos scènes et faire en sorte que le public reste connecté à votre film. Le cinéma est un art, celui de l'image en mouvement qui s'exprime dans l'étroitesse d'un cadre et par succession de plans. J'espère que chaque chapitre de ce livre vous poussera à bien analyser vos objectifs, afin de définir les échelles de plan nécessaires à l'expression d'un langage cinématographique qui élèvera votre film à un niveau de qualité supérieur. Bonne chance à tous.

Le parrain, *Francis Ford Coppola, 1972.*

trouver le bon cadre

J'ai récemment assisté à la projection d'un court métrage tourné par un jeune réalisateur. La première scène s'ouvrait par un plan montrant un jeune couple assis sur un canapé. Il se disputait violemment. Le plan était assez large pour apprécier le décor de la pièce. Elle était jonchée de magazines, de DVD, de boîtes de bières vides, avec des chaussures de sport amassées sous le canapé. Des affiches de films couvraient chaque mur, laissant supposer que le tournage avait eu lieu dans la chambre de ce jeune réalisateur. Sur une petite tablette située au premier plan, on voyait distinctement une console de jeux, à côté de laquelle trônait une pile de jeux vidéo. À la fin du film, le réalisateur demanda au public de lui poser toutes les questions qui lui traversaient l'esprit. Quelle ne fut pas sa surprise d'entendre ceci : « Pourquoi le jeune homme jouet il à la manière de Travis Bickle ? » Notre réalisateur demanda pourquoi le spectateur parlait du personnage de Travis Bickle. Le spectateur répondit que la présence de l'affiche de *Taxi Driver* faisait partie intégrante de la scène. Ce à quoi le réalisateur rétorqua que cette affiche était simplement présente pour décorer la pièce. Alors, une autre question fut posée : « L'homme essaie-t-il de soutirer de l'argent à la femme pour acheter des jeux vidéo ? » Une énorme confusion se lut alors sur le visage du réalisateur. Un autre spectateur demanda dans la foulée : « La femme est-elle en colère contre lui parce qu'il n'a pas fait le ménage ? » Vexé, le réalisateur interrompit ce jeu des questions/réponses. Il expliqua simplement que la scène montrait la première dispute d'un couple de jeunes mariés, et que cela était mis en évidence par les mouvements de nervosité de la main de l'homme quand il prenait celle de sa femme. Tout le reste, et notamment les éléments du décor, n'avait aucun lien direct avec l'histoire. Notre jeune réalisateur fut heureux d'apprendre qu'un spectateur avait remarqué, au dernier plan du film, une référence flagrante à *Reservoir Dogs* de Quentin Tarantino (1992). En revanche, quand on lui demanda pourquoi il y avait cette référence, il se justifia en disant : « C'était cool de la mettre dans mon film ». Tout le film présentait des problèmes analogues. Il y avait une déconnexion totale entre la composition des plans et leur fonction même au sein de la narration.

La plus grosse erreur du réalisateur est de n'avoir pas su composer une scène dont les plans aient eu une signification réelle en lien direct avec l'histoire. Le plan d'ouverture était très dense, bourré de détails qui accaparaient l'attention du spectateur. De ce fait, les jeunes mariés étaient totalement perdus au milieu de tous ces éléments. Impossible pour le public de déterminer l'objectif précis de la composition de ce plan. Seul le réalisateur regardant dans le viseur de la caméra remarquait cette main nerveuse du mari qui, pour lui, était le détail clé de la scène. Pourtant, ce détail était perdu au milieu d'une dizaine d'autres bien plus présents à l'image. Même lorsqu'il a voulu rendre hommage à un film en plagiant la mise en scène d'un de ses plans, il l'a fait sans talent car sans autre raison que l'hommage lui-même. Ce jeune réalisateur n'a jamais réfléchi sa composition comme élément majeur d'une narration, d'où la confusion qui régnait dans l'esprit des spectateurs.

Pour devenir un narrateur efficace, vous devez posséder une vision très claire de l'histoire que vous désirez raconter. Elle doit en effet être l'expression d'un point de vue unique, le vôtre. Pensez à la manière dont vous racontez une anecdote à un ami. Vous ne donnez pas de détails inutiles susceptibles de perdre votre interlocuteur dans des méandres narratifs sans aucun intérêt, puisqu'ils ne sont pas en relation directe avec votre histoire. Vous allez à l'essentiel. Les quelques détails sur lesquels vous insistez ont un rôle fondamental dans ce qui vous est arrivé. Eh bien, ce jeune réalisateur a fait exactement le contraire. Il est logique que le public soit passé à côté du détail qui devait communiquer à la scène toute sa signification, c'est-à-dire la main de l'homme prenant nerveusement celle de la femme.

Vous ne devez jamais oublier ceci : tout ce qui est inclus dans un plan, tout ce qui entre dans sa composition, sera interprété d'une manière ou d'une autre par le public. C'est un principe qui a été développé depuis que l'on raconte visuellement des histoires, et qui perdure encore de nos jours. En l'appliquant avec précision, vous conférerez au positionnement, à la taille, à la visibilité de n'importe quel élément une immense signification dans la scène tournée, donc dans la narration de votre histoire.

Regardons un plan du film *Le parrain* de Francis Ford Coppola (1972), illustré au début de ce chapitre. Il s'agit d'un plan d'ensemble montrant une voiture stationnée sur une route déserte. À travers les vitres, nous apercevons le passager arrière pointant un revolver en direction du conducteur. Au loin, la statue de la Liberté est parfaitement identifiable, émergeant de la végétation située derrière la voiture. Cette composition d'une remarquable simplicité est chargée de signification : un homme s'apprête à en tuer un autre. Cela est tellement simple que même sans avoir vu le film, nous comprenons la signification de ce plan. Il ne communique que les éléments nécessaires au propos que désire faire passer le réalisateur. Pourtant, un élément pose question : la statue de la Liberté. Pourquoi figure-t-elle dans le champ? Est-ce uniquement pour localiser le lieu du crime? Pourquoi occupe-t-elle une aussi petite place dans le plan? Si vous regardez ce plan attentivement, vous constaterez que la statue fait face à la scène du meurtre. Ce détail a-t-il une réelle signification? Si Coppola la place dans son cadre, ce n'est pas pour faire joli. Les choix de la focale, de l'échelle de plan et de l'angle de prise de vue ont tous une raison d'être.

Lorsque vous racontez une histoire, vous ne devez jamais perdre de vue le fait que votre narration est émaillée de l'expression d'une expérience unique des situations de la vie, et que cette expérience est la vôtre. Par conséquent, tous les détails que vous communiquez reflètent cette expérience. Cela doit impérativement se retrouver lorsque vous composez votre cadre. Il traduit vos perceptions, vos valeurs, votre vision. Donc, quand Coppola place ainsi la statue de la Liberté dans son cadre, c'est pour communiquer son interprétation personnelle de l'événement. C'est bien plus que de montrer un homme s'apprêtant à en abattre un autre. Le symbole que véhicule le monument est universel. Alors? Que Coppola cherche-t-il à nous montrer? Le rêve américain?

Lorsque le jeune réalisateur cité en début de chapitre reproduit un plan de *Reservoir Dogs*, il espère que le public établira un lien entre son histoire et celle de Tarantino. Or, dans notre exemple, ce ne fut pas du tout l'effet produit parce que ce n'était pas l'effet recherché. Le public n'a pas compris la référence car il n'y avait rien à comprendre. C'est donc un échec pour le réalisateur. L'hommage ne se suffit pas à lui-même. La composition d'un plan est signifiante par l'organisation des éléments visuels dans le cadre, mais aussi par le contexte dans lequel elle est présentée. Ainsi, une plongée sur un personnage communique une sensation d'écrasement, de défaite, un manque de confiance, ou une psychologie vulnérable. Bien entendu, cette interprétation dépendra du contexte dans lequel le plan apparaît, et très souvent de la situation qui l'a précédé. Pour ces raisons, vous remarquerez que certains types de plans et de mises en scène, comme des personnages courant au ralenti en direction de la caméra, sont connotés. Par exemple, en filmant en plongée, vous pouvez montrer que le personnage, en fonction du contexte et de son attitude, est en pleine confiance, et qu'il contrôle parfaitement la situation dans laquelle il se trouve.

Comment définir la taille des éléments de l'histoire et des échelles de plan dans votre composition? Par quel type de contexte la sélection de vos plans est-elle justifiée? Avant de savoir où placer votre caméra, vous devez déterminer ce qui doit prédominer dans votre composition, ce qui doit en être exclu, et le sens que vous désirez donner au plan. Une stratégie consiste à identifier les thèmes et les idées qui résident au cœur de votre histoire. Que désirez-vous raconter ? Les histoires les plus construites reposent sur des idées bien réfléchies, ce qui ajoute de la profondeur à l'émotion et au contexte. Le public reste connecté à ce qu'il voit et donc ressent. Le film *Rocky* de John G. Avildsen (1976) raconte l'histoire d'un boxeur amateur à qui l'on propose de gagner un million de dollars s'il accepte de combattre le champion du monde des poids lourds. Rocky est l'histoire d'un homme issu d'un milieu social où toute promotion est impossible. Or, le jour où on lui propose ce combat, il comprend que sa vie peut changer, qu'il peut enfin devenir quelqu'un, c'est-à-dire avoir de nouveau confiance en lui. C'est le cœur de l'histoire. Dès lors, chaque angle de prise de vue, chaque composition de plan vont s'appuyer sur cette idée principale. Mais voilà : comment montrer visuellement la volonté d'un personnage de regagner le respect de lui-même ?

Imaginons que le film *Rocky* reste à réaliser. On pourrait par exemple filmer le personnage de Rocky en légère plongée pendant toute la partie du film où il est sans motivation pour changer quoi que ce soit à sa vie. Cet angle de prise de vue soulignerait son manque de confiance et sa vulnérabilité psychologique. En revanche, dès qu'il commence à s'entraîner sérieusement, c'est-à-dire à reprendre sa vie en main, la caméra pourrait progressivement prendre un point de vue plus bas, afin de montrer le personnage en contre-plongée. Cette différence de traitement permettrait de mettre en évidence les changements qui s'opèrent chez Rocky. L'application de règles simples peut se combiner à d'autres principes exposés dans ce livre. Par exemple, il est possible de jouer sur la position de Rocky dans le cadre. Pendant toute sa période de doute, il serait au centre du cadre, ne sachant pas vraiment vers quelle direction aller. Par la suite, il prendrait place de manière radicale sur un côté du cadre. On peut également passer de l'emploi d'un objectif à grand angle à celui d'un téléobjectif, ou bien faire varier la profondeur de champ tout au long du film. Enfin, pourquoi ne pas filmer à main levée, d'une manière assez instable au début du film, puis opter pour des plans fixes dans la dernière partie du récit ?

La stratégie choisie doit être constante sur toute la durée du film. Les choix de composition devront se justifier à tous les niveaux de votre film : à chaque plan, dans chaque scène, pour chaque séquence. En respectant cette règle presque éthique, vous ne devez pas oublier la chose suivante : si vous définissez une composition particulière pour mettre en évidence un état du personnage, comme son manque de confiance, vous ne devez pas utiliser cette composition pour traduire un autre état. Dans le cas contraire, le public sera totalement perdu. Tous les plans d'un film ont un sens, et ce quelle que soit leur longueur. Vous ne devez jamais créer un plan entièrement gratuit, simplement pour assurer le passage d'une scène à une autre.

Revenons au plan du jeune couple se disputant sur le canapé du salon. Qu'aurait pu faire le réalisateur de différent ? Pour trouver la réponse, il faut se poser une autre question : quel est le cœur de son histoire ? Quelle est l'essence même de cette première scène ? En quoi la scène peut-elle montrer autre chose qu'une simple dispute ? En fonction des réponses que vous donnerez, et qui varient d'un réalisateur à un autre, vous développerez une stratégie dont l'objectif sera de servir les fondements de l'histoire, la particularité de son engagement au-delà de la simple narration. Vous vous appuierez sur les techniques et principes étudiés dans ce livre pour asseoir la qualité de vos compositions toujours mises au service des objectifs de votre récit. Ainsi, le public sera constamment en connexion avec vos orientations, et il suivra l'évolution de l'histoire avec du plaisir, des émotions et de la passion. Mais le plus important dans tout cela, et malgré l'existence de règles et de stratégies, sera de développer votre propre style cinématographique car vous êtes par-dessus tout un réalisateur de cinéma ou de vidéo. Vous êtes un artiste.

les principes de la composition et les concepts techniques

les formats d'images

Avant de prendre une décision sur la composition d'un cadre, vous devez connaître les dimensions de votre image. Le rapport hauteur/largeur dépend du format de prise de vue. On parle également de proportions d'image. Les proportions les plus répandues sont 2.39:1 (format également appelé « anamorphosé » ou « scope »), 1.85:1 (standard du cinéma américain également appelé « plat »), 1.66:1 (standard du cinéma européen), 1.78:1 (standard HDTV connu sous le nom de « 16 × 9 », utilisé par les caméras HD), et 1.33:1 (correspondant aux formats d'images 16 et 35 mm, ainsi qu'au format de la télévision analogique). Pour composer correctement un cadre, vous devez impérativement connaître votre format de prise de vue et celui de la diffusion.

1.66:1

1.78:1

1.85:1

2.39:1

les formats de diffusion/distribution les plus répandus

les axes du cadrage

Physiquement, une image est bidimensionnelle. Elle ne prendra en compte que l'axe horizontal *x* et l'axe vertical *y*. Toutefois, il est possible de « simuler » l'axe *z* en jouant sur la profondeur de champ que nous examinerons plus loin dans ce chapitre. Les deux photos suivantes, extraites du film *Hunger* de Steve McQueen (2009), sont un parfait exemple des diverses utilisations possibles de l'axe *z*. Malgré la prédominance de deux axes, le troisième est souvent utilisé pour donner de la profondeur à la composition, de manière à dépasser l'aspect 2D écrasé des images. Une utilisation intelligente des trois axes, grâce à des objectifs adaptés, permet de modifier la relation visuelle qui existe entre les sujets filmés et l'espace dans lequel ils évoluent.

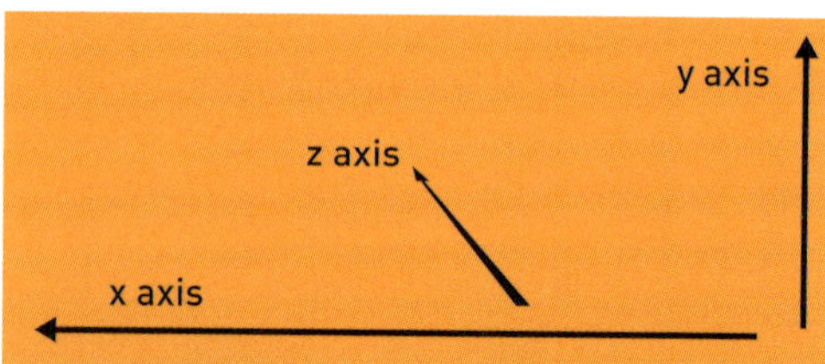

les axes du cadrage

une importante profondeur de champ augmente l'impact de l'axe z

une faible profondeur de champ annule l'existence de l'axe z

la règle des tiers

Pour créer une harmonie visuelle, certaines conventions sont utilisées depuis des centaines d'années. Une des plus anciennes s'appelle la règle des tiers. Elle est bien connue en photographie, et ne doit donc pas être ignorée en vidéo. De ce fait, les réalisateurs qui utilisent leur appareil photo numérique pour faire des films appliquent probablement instinctivement la règle des tiers. Elle consiste à diviser en trois parties égales le cadre affiché dans le viseur, horizontalement, puis verticalement. Cela crée une grille de neuf cellules, c'est-à-dire trois rangées sur trois colonnes. Les lignes sont souvent utilisées pour positionner les horizons dans les plans d'ensemble et de situation. Lorsque vous filmez une personne en gros plan, la règle des tiers dicte de placer ses yeux sur l'un des angles de la cellule centrale. Ainsi, lorsque l'acteur est placé sur le bord droit du cadre, son regard se trouve dirigé vers la gauche. À l'inverse, quand il est placé sur le bord gauche du cadre, son regard est dirigé vers la droite. La composition du gros plan représenté ci-contre est extraite du film *Les anges déchus* de Wong Kar-wai (1995). Vous constatez qu'un espace très important a été laissé sur le bord gauche du cadre, permettant au spectateur de déduire que le regard de l'actrice se porte sur un espace ouvert. Ici, la composition est particulièrement dynamique. Si l'actrice avait été placée au centre, la position aurait été plus statique avec une faiblesse visuelle évidente. Parfois, ce parti pris est nécessaire à la scène que vous filmez. Il ne faut pas négliger la position de la tête du sujet par rapport à la partie supérieure du cadre. Ainsi, dans un gros plan, la tête d'un acteur est souvent coupée. En revanche, dans un plan d'ensemble, vous pouvez jouer sur la distance qui sépare le haut de la tête du personnage du bord supérieur du cadre. Cet espace aura un impact psychologique important sur le spectateur. La règle des tiers s'applique également aux mouvements du personnage sur l'axe *x* du cadre. Lorsqu'il se déplace vers la droite, il doit impérativement être placé sur une ligne verticale située à gauche du cadre. Ainsi, un large espace vide laissé à droite du cadre permet de suivre correctement le déplacement en question. Vous ferez l'inverse lorsque le déplacement se fera vers la gauche. Bien entendu, vous briserez cette règle si vous souhaitez donner un sentiment de déséquilibre à votre scène.

application de la règle des tiers au positionnement du personnage

la règle de Hitchcock

Dans les entretiens d'Alfred Hitchcock avec François Truffaut, le maître du suspense a expliqué un principe extrêmement efficace. Il considère que la taille d'un objet dans le cadre peut être directement liée à son importance dans l'histoire, à un instant précis de la narration. Cela permet de créer une tension et de développer un certain suspense, notamment quand le public ne comprend pas pourquoi on donne autant d'importance à tel objet à ce moment précis. Dans l'exemple ci-dessus, tiré du film *Misery* de Rob Reiner (1990), un petit pingouin en céramique occupe la totalité du cadre. Cet objet joue un rôle très important, puisqu'il permettra à Annie (Kathy Bates) de savoir que Paul Sheldon (James Caan), qu'elle a emprisonné dans sa maison, a cherché à sortir de sa chambre fermée à clé.

mise en œuvre de la règle d'Hitchcock

compositions équilibrées/ déséquilibrées

Chaque objet présent dans un cadre a une incidence sur la perception du public en fonction de sa taille, de sa couleur, de sa luminosité et de son positionnement. Ainsi, il est possible de créer des compositions visuelles équilibrées, dans lesquelles l'objet occupe uniformément le cadre. En revanche, il suffit de concentrer l'impact visuel de l'objet sur une zone du cadre pour créer l'effet inverse. Une composition équilibrée véhiculera toujours un sentiment d'ordre, d'uniformité, de prédétermination. *A contrario*, une composition déséquilibrée sera généralement associée au chaos, au malaise et créera un suspense. Mais ne perdez jamais de vue le fait que la sensation communiquée par ces deux types de compositions dépendra largement du contexte narratif dans lequel elles sont utilisées. Dans l'exemple ci-dessous, extrait du film *Hero* de Zhang Yimou (2003, en haut), une composition équilibrée est utilisée pour montrer que le rapport de force de ce duel est parfaitement équitable. Cela ajoute du suspense et une intensité dramatique à la scène. Dans la photo extraite du film *La proposition* de John Hillcoat (2009, en bas), le niveau de tension de la scène est également très élevé, bien que la composition soit déséquilibrée. Vous constatez que, malgré ce déséquilibre, le sujet principal a été positionné dans le cadre selon la règle des tiers.

une composition équilibrée

une composition déséquilibrée

plongée et contre-plongée

La hauteur de la caméra par rapport au sujet filmé manipule la relation qu'entretient avec lui le public. Dans un plan frontal, la caméra est située au niveau des yeux du personnage. Dans un plan en plongée, la caméra est placée au-dessus du niveau de ses yeux. Cela donne l'impression que le narrateur regarde vers le bas. On en déduit alors qu'il domine physiquement le sujet filmé. Dans un plan en contre-plongée, la caméra est placée sous le niveau des yeux. Cette fois, le narrateur (ou le public) se trouve dans une position inférieure au sujet filmé. Toutefois, ces deux cadrages ne sont pas exhaustifs, et leurs interprétations dépendront largement du contexte dans lequel ils sont utilisés. Dans ce type de plan, une erreur est souvent commise. Elle consiste à imprimer à la caméra un angle beaucoup trop important. Cela porte atteinte à la cohérence de la composition. Il suffit pourtant d'incliner légèrement la caméra vers le haut ou le bas pour générer une impression particulière dans l'esprit du public. Dans les deux exemples ci-dessous, extraits du film *La vie des autres* de Florian Henckel von Donnersmarck (2006), on retrouve ce procédé utilisé pour rendre des états émotionnels opposés. La légère contre-plongée montre l'impitoyable officier de la Stasi Gerd Wiesler (Ulrich Mühe) dans une attitude assurée et presque menaçante, au moment où il va interroger un suspect. En revanche, dans la photo du dessous, la légère plongée crée une sensation de peur et de tension.

la profondeur

La gestion de la profondeur d'une composition permet de produire un cadre dynamique et de générer une troisième dimension dans une image bidimensionnelle. Il existe plusieurs méthodes pour créer une telle profondeur. Cependant, un principe élémentaire fait que si deux objets sont *a priori* de la même taille et que l'un semble plus petit que l'autre, c'est qu'il se trouve plus éloigné dans le cadre. Cela crée une illusion de profondeur. Nous en avons une parfaite illustration à la page suivante, sur l'image extraite du film *Inglourious Basterds* de Quentin Tarantino (2009). Dans le même ordre d'idées, lorsque deux objets se superposent, nous avons l'impression que l'objet qui est couvert par l'autre est plus éloigné de nous. Il en résulte à nouveau une sensation de profondeur dans la composition. Il n'est pas rare que certains réalisateurs placent des objets au premier plan dans le seul et unique but d'ajouter de la profondeur à leur cadrage. C'est exactement ce que nous constatons sur l'image extraite du film *The Rock* de Michael Bay (1996), où les chaînes placées au premier plan ajoutent de la profondeur de champ, et créent dans le cadre un cadre au sein duquel l'acteur Nicolas Cage est parfaitement net.

une contre-plongée

une plongée

une profondeur accentuée

une profondeur obtenue par superposition des objets

cadre ouvert et cadre fermé

Les cadres fermés se réfèrent à une échelle de plan où l'existence même d'un espace hors champ est bannie. Ainsi, toutes les informations nécessaires à la compréhension du plan sont présentes dans le cadre. Dans un cadre ouvert, en revanche, des informations utiles à la compréhension de la scène peuvent exister hors champ, c'est-à-dire dans l'espace qui se situe en dehors du cadre. Il existe de nombreuses techniques pour générer l'idée de l'existence d'un espace hors champ ; le spectateur déduit alors que toutes les données de la scène ne se situent pas forcément dans le contenu du cadre. C'est le cas lorsque nous voyons un personnage regarder par la fenêtre sans distinguer précisément ce qui fait l'objet de son attention. Le choix d'un de ces deux types de cadrages dépend des besoins de votre récit. Le hors-champ est exploité pour créer une tension et un suspense. Il a une place privilégiée dans les films d'horreur et les thrillers. Dans les deux exemples ci-contre, extraits de *La bande à Baader* réalisé par Uli Edel (2008), un cadre fermé (en haut) permet de montrer l'état d'isolement dans lequel se trouve Ulrike (Martina Gedeck). Le plan ouvert (en bas) ajoute un niveau de tension entre Petra (Alexandra Maria Lara) et la police allemande qui essaie de l'interpeller après l'avoir bloquée à un barrage routier.

un cadre fermé

un cadre ouvert

le point focal

Une des meilleures méthodes pour véhiculer clairement l'idée ou le concept de vos compositions consiste à utiliser un puissant point focal. Le point focal représente le centre d'intérêt de la composition, c'est-à-dire la zone où le regard du spectateur va graviter afin d'appréhender tous les éléments visuels du cadre. Le point focal peut comprendre plusieurs sujets. Il est généralement défini par application des règles de composition précédemment évoquées dans ce chapitre, comme celles des tiers et de Hitchcock. Donc, en choisissant avec soin ce qui sera inclus et ce qui sera exclu du cadre, c'est-à-dire ce qui sera net ou pas, éclairé ou non, et ce qui dominera visuellement le cadrage, vous pouvez créer des compositions qui seront parfaitement bien interprétées par les spectateurs. L'image de la page suivante, tirée du film *Bad Boy Bubby* de Rolf de Heer (1993), est un excellent exemple d'une composition au point focal très puissant, grâce à un trope visuel (utiliser l'horizon comme s'il s'agissait d'un regard porté sur le futur) que nous retrouvons souvent chez des réalisateurs comme George Lucas et Werner Herzog.

une composition avec un puissant point focal

le champ/contrechamp

Cette règle de plan est utilisée pour maintenir une continuité spatiale entre des personnes qui interagissent dans une scène. L'hypothèse la plus simple du champ/contrechamp est un dialogue entre deux personnes qui se font face. Pour réussir une telle prise de vue, vous devez tracer une ligne imaginaire, puis placer la caméra sur un seul de ses côtés. L'objectif pointe en direction opposée comme ci-dessous.

un champ/contrechamp typique

Nous obtenons ainsi une prise de vue à 180 degrés. En alternant les prises de vues de chaque acteur, nous établissons le champ/contrechamp au montage. L'exemple de la page précédente est significatif. Les deux images sont extraites du film *La ligne rouge* de Terence Malick (1998). Elles montrent une discussion entre le sergent Welch (Sean Penn), et le soldat Witt (Jim Caviezel). Les caméras étant placées à 180 degrés d'un même côté de la ligne imaginaire, nous avons l'impression que les regards restent constants malgré le changement de plan.

longueur de la focale

La classification des objectifs se fait par la longueur de leur focale, qui s'exprime en millimètres, comme 50 mm ou 200 mm. Ce choix est fondamental car la longueur de la focale a un impact direct sur la perspective de l'axe *z* et sur le champ de vision qui s'étend sur l'axe *x*. Les objectifs qui reproduisent la perspective vue par l'œil humain sont dits « standard ». Ainsi, avec une pellicule 16 mm, un objectif standard présente une longueur de focale de 25 mm. Avec une pellicule 35 mm, elle sera de 50 mm. Dès que la longueur de la focale est inférieure à ce standard, on dit que l'objectif est un grand angle. En revanche, quand elle est plus grande, on parle de téléobjectif.

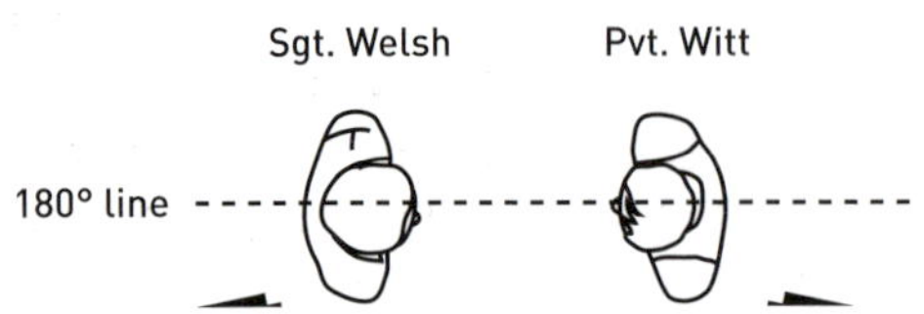

Le champ de vision

Le champ de vision se réfère à l'espace sur les axes *x* et *y* visible dans le cadre. Lorsque la longueur de la focale est courte, vous disposez d'un champ de vision très important. Dès que vous utilisez une longueur de focale plus longue, le champ de vision devient plus restreint. La focale permet donc d'inclure ou d'exclure des éléments dans le cadre.

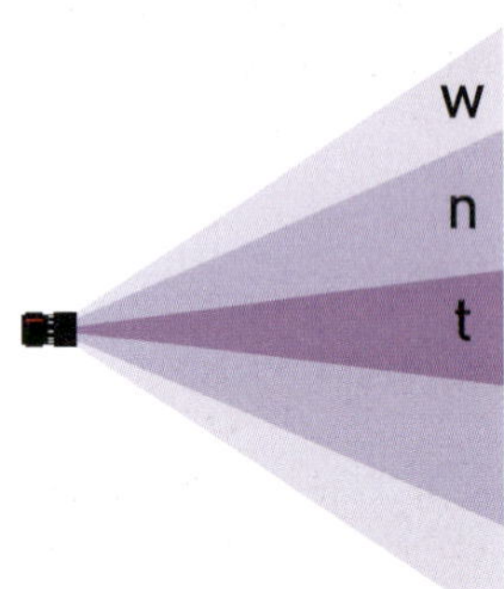

champ de vision d'un objectif large (l), normal (n), et d'un téléobjectif (t)

les objectifs grand angle

Les objectifs grand angle permettent un très large champ de vision. Leur inconvénient est qu'ils déforment la perspective sur l'axe *z*. Ils altèrent également la perception de la cadence des mouvements sur l'axe *z*. De ce fait, quand une personne s'approche ou s'éloigne de l'objectif, nous avons l'impression qu'elle le fait plus rapidement qu'en réalité. Le grand angle produit une profondeur de champ très importante. Mais lorsque la longueur de la focale est vraiment très courte, les bords du cadre sont déformés. C'est la raison pour laquelle on n'utilise pas ce type d'objectifs pour les gros plans. Toutefois, comme ils permettent de créer un certain effet, le contexte de la narration peut en justifier l'utilisation sur des visages comme dans le film *Les anges déchus* de Wong Kar-wai (1995).

une déformation produite par un grand angle

les objectifs standard

Les objectifs standard reproduisent la perspective d'une manière sensiblement équivalente à celle de l'œil humain, avec toutefois un champ de vision plus étendu. Ils sont généralement utilisés pour filmer des gros plans car ils ne déforment pas les visages, contrairement à un grand angle ou à un téléobjectif. Les distances et les mouvements sur l'axe *z* du cadre ne sont pas amplifiés.

les téléobjectifs

Les objectifs disposant d'une longueur focale très longue ont un champ de vision plus étroit que les objectifs normaux et de type grand angle. De ce fait, l'arrière-plan d'une scène filmée semble très proche du premier plan. Cela a pour effet de comprimer les espaces.

La perception des mouvements sur l'axe *z* est altérée. En effet, les déplacements semblent beaucoup plus rapides qu'ils ne le sont en réalité. Comme les téléobjectifs écrasent les visages, ils sont très rarement utilisés pour des gros plans. Leur profondeur de champ est particulièrement réduite. Toutefois, sur l'image ci-dessous, extraite du film *Barry Lyndon* de Stanley Kubrick (1975), cette imperfection est exploitée pour resserrer une formation de soldats très dense, renforçant ainsi la cohésion du groupe.

une déformation produite par un téléobjectif

Les objectifs rapides et les objectifs lents

L'ouverture est un mécanisme de l'objectif qui contrôle la quantité de lumière nécessaire à l'exposition de l'image d'une pellicule ou d'un capteur CCD. L'ouverture s'exprime en *f*-stops. Plus la valeur *f*-stop est faible, plus l'ouverture est importante. Plus elle est élevée, plus l'ouverture est faible, et on parle plutôt alors de fermeture. Les objectifs qui possèdent une ouverture maximale sont appelés objectifs rapides. Il en va ainsi des objectifs dits *f*1.4 ou *f*1.8. Les objectifs dont l'ouverture est plus faible, comme *f*2.8, sont appelés objectifs lents. En effet, il leur faut beaucoup plus de lumière que les précédents pour pouvoir exposer correctement la pellicule ou le capteur. Les objectifs rapides sont bien plus chers que les objectifs lents, mais ils n'en demeurent pas moins le meilleur choix que vous puissiez faire. D'ailleurs, à long terme, ils vous feront économiser de l'argent, puisqu'ils nécessitent beaucoup moins de lumière pour filmer vos scènes.

les objectifs à focale fixe

Les objectifs qui ne possèdent qu'une seule longueur de focale sont appelés objectifs à focale fixe. Lorsque la qualité de l'image est une priorité, il est préférable d'employer des objectifs de ce type plutôt que des objectifs à focale variable, ou zoom. Comparés à ces derniers, ils sont plus légers car ils nécessitent beaucoup moins d'éléments optiques, leur distance de mise au point minimale est bien plus courte et ils sont généralement plus rapides. L'inconvénient de ce type d'objectifs : vous êtes obligé d'en changer chaque fois que vous souhaitez utiliser une autre focale.

les objectifs zoom

Les objectifs zoom sont également connus sous le nom d'objectifs à focale variable. Ils permettent en effet d'utiliser une focale courte, longue, ou normale. L'ajustement de la longueur de la focale se fait manuellement. Le facteur de zoom se mesure en fonction de sa plage de longueur focale. Ainsi, un zoom de 10:1 peut multiplier par 10 sa longueur de focale. Il pourra par exemple passer de 12 mm à 120 mm. Le problème des objectifs zoom est qu'ils sont très lents car ils sont équipés de nombreux éléments optiques. De plus, ils ont tendance à produire une qualité d'image nettement inférieure aux objectifs à focale fixe. En revanche, ces objectifs permettent de travailler plus rapidement dans la mesure où vous n'êtes pas obligé d'interrompre la prise de vue pour changer votre longueur de

lentille à deux dioptries en action

focale. Cerise sur le gâteau : la variation de la longueur de la focale peut se faire pendant la prise de vue, ce qui est totalement impossible avec un objectif à focale fixe.

les objectifs spéciaux

Il existe un certain nombre d'objectifs qui ont été créés pour faire face à des circonstances particulières. Les objectifs à décentrement disposent d'éléments mobiles qui permettent de créer des compositions où l'un des deux personnages filmés est flou, alors que tous deux se trouvent sur le même plan de netteté. Mais l'inverse est également possible grâce à des lentilles qui se placent sur l'objectif et qui séparent l'image en deux. Ainsi, les éléments sont aussi nets au premier qu'au second plan. L'inconvénient de ce type de lentilles est qu'elles créent une zone floue à l'emplacement précis où les deux lentilles se rejoignent. De ce fait, les réalisateurs cadrent de telle manière que ce petit défaut reste imperceptible, comme nous pouvons le voir sur la photo du haut extraite du film *Les incorruptibles* de Brian de Palma (1987). Il existe d'autres lentilles spéciales à placer sur l'objectif qui équipe votre caméra de manière à élargir ou à réduire le champ de vision.

la profondeur de champ

La profondeur de champ se réfère à la zone tolérée de netteté sur l'axe *z*. Une composition où elle est importante permet d'obtenir un maximum d'éléments nets visibles dans le cadre. En revanche, si elle est réduite, la zone de netteté est particulièrement faible. L'ouverture est un élément majeur du contrôle de ce paramètre. Plus l'ouverture est importante, plus il y a de lumière pour produire vos images, et plus la profondeur de champ est réduite. En revanche, plus l'ouverture est faible, moins il y a de lumière pour produire votre image, et plus la profondeur de champ est importante. Une autre technique pour la contrôler consiste à modifier la distance qui existe entre la caméra et le sujet. Plus la caméra est proche de la personne filmée, et plus la distance de mise au point est courte. De ce fait, vous obtenez une profondeur de champ très étroite. Elle sera plus importante si vous éloignez la caméra du sujet filmé, puisque vous augmenterez ainsi la distance de mise au point. Si la taille d'un élément présent dans le cadre demeure constante, la longueur de la focale n'entre pas en ligne de compte dans la modification de la profondeur de champ. Mais cette dernière sera réduite par l'augmentation de la longueur de la focale (*via* un téléobjectif) si la taille de l'élément varie, et augmentée si vous réduisez la longueur de la focale (*via* un objectif grand angle). Contrôler la profondeur de champ permet d'isoler un sujet précis dans le cadre. Ainsi, il sera net alors que tous les autres seront flous. Il s'agit d'un moyen de focaliser l'attention du spectateur sur ce sujet filmé.

faible profondeur de champ

grande profondeur de champ

distance séparant la caméra du sujet filmé

Cette distance est mesurée jusqu'au sujet filmé, mais à partir de la zone située à l'intérieur de la caméra, c'est-à-dire là où la lumière qui est récupérée par l'objectif atteint la pellicule ou le capteur CCD. Cette distance est utilisée pour effectuer des mises au point sensibles (image la plus nette possible). Très souvent, les réalisateurs réduisent cette distance pour obtenir une profondeur de champ plus faible. La conséquence de ce choix est une modification de la taille du sujet dans le cadre. Utiliser un objectif zoom pour modifier la distance de la caméra par rapport au sujet tout en préservant la taille de ce dernier n'aura aucun effet sur la profondeur de champ. Cela affectera uniquement la perception que nous en avons. Par exemple, un zoom dont l'ouverture est fixée à *f4* ne produira une profondeur de champ étroite que s'il est en position grand angle. En réalité, la profondeur de champ est quasiment identique. Toutefois, dans la mesure où un téléobjectif ramasse l'espace sur l'axe *z*, l'arrière-plan nous paraît beaucoup plus proche.

filtre gris neutre

Nous savons que la profondeur de champ se contrôle par l'ouverture du diaphragme. Le problème est qu'en fonction de vos réglages, vous devez impérativement compenser la quantité de lumière pour éviter de surexposer ou de sous-exposer le film. Lorsque vous filmez sous le soleil, il est bien difficile d'obtenir une faible profondeur de champ sans utiliser un filtre gris neutre. Il permet en effet de réduire l'intensité de la lumière de 1, 2, ou 3 diaph. Seule la quantité de lumière est affectée, pas sa qualité. Un tableau liste les différentes profondeurs de champ que vous pouvez obtenir en fonction des réglages de votre appareil, de sa distance par rapport au sujet et de la longueur de la focale. Il est ainsi possible de déterminer précisément la valeur de *f*-stop à appliquer pour obtenir la profondeur de champ recherchée. Lorsque vous filmez en intérieur, vous pouvez contrôler l'intensité de la lumière pour régler l'ouverture dans le but de produire une profondeur de champ étroite. Cependant, obtenir une profondeur de champ plus faible peut être problématique. En effet, vous êtes confronté à une importante quantité de lumière nécessaire pour filmer avec une petite ouverture de diaphragme. Pour cette raison, de nombreuses caméras SD et HD professionnelles sont équipées d'un filtre gris interne. Il permet de réduire l'intensité de la lumière par paliers de 3 et 6 *f*-stops.

les formats de prise de vue

Le choix du format de la prise de vue aura un impact majeur sur différents aspects de votre stratégie visuelle. L'un des plus importants d'entre eux concerne la profondeur de champ envisageable. Plus la taille d'une image ou d'un capteur est petite, plus vous pouvez obtenir une profondeur de champ importante, mais il sera difficile d'en obtenir une faible. Cela s'explique par la taille de l'objectif utilisé ; les plus petits formats utilisent de plus petits objectifs. Par exemple, si vous filmez en 16 mm avec un objectif de 25 mm, et que vous ouvrez à *f*5.6 avec une mise au point effectuée sur 3 m, votre profondeur de champ sera également de 3 m. Réaliser le même plan en 35 mm avec un objectif de 50 mm vous permettra d'obtenir une profondeur de champ de 10,5 cm. Pourquoi ? Parce qu'un objectif de 50 mm destiné au format d'image 35 mm est physiquement plus grand. Maintenant, envisageons les capteurs des caméras vidéo SD et HD. Ils sont beaucoup plus petits qu'une image 16 mm. Les objectifs vidéo sont également plus petits, offrant une longueur de focale plus courte, comme le montre l'illustration ci-dessous. Cela explique pourquoi il est si difficile d'obtenir une faible profondeur de champ en vidéo. En revanche, il est également délicat d'obtenir une importante profondeur de champ avec des formats d'images supérieurs à 16 mm. Avant l'arrivée de la vidéo HD, le Super 16 ou S16 était une alternative économique au 35 mm. Le format S16 est légèrement supérieur au 16 mm. De ce fait, la résolution S16 est meilleure que la résolution 16 mm. C'était important lorsqu'il fallait gonfler le S16 en 35 mm, pour la diffusion dans les salles de cinéma. Le grain ajouté par cette manipulation était moins perceptible avec du S16 qu'avec du 16. Le S16 est également idéal pour les transferts HD. En effet, les proportions natives du S16 sont 1.66:1, ce qui reste assez proche du format HDTV (de 1.78:1). Le format 16 mm nécessiterait un sévère recadrage pour tenir dans cette dimension d'image. Malgré ses avantages, le S16 ne permet pas d'obtenir de faibles profondeurs de champ car ses objectifs sont sensiblement les mêmes que pour le 16 mm.

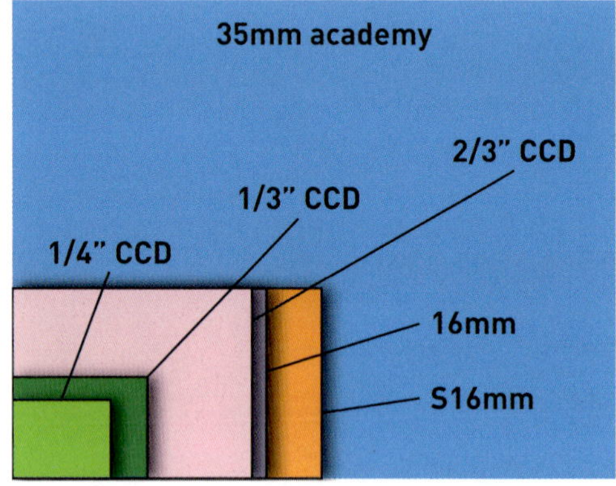

dimensions des formats de films et des capteurs

les kits d'adaptation 35 mm

Quelques constructeurs ont développé des kits d'adaptation qui permettent d'équiper une caméra vidéo SD ou HD d'un objectif dédié au 35 mm. Il devient possible d'obtenir une faible profondeur de champ, chose quasiment inenvisageable avec les objectifs vidéo standard. Avec ces adaptateurs, l'objectif de la caméra vidéo ne sert plus qu'à l'enregistrement de l'image ; toute la gestion optique incombe à l'objectif 35 mm. Ils peuvent ainsi produire des compositions où la profondeur de champ est faible. Ainsi couplés à des caméras HD et des prises de vues réalisées en 24p (voir section suivante), ils permettent d'obtenir une qualité d'image qui rappelle celle du cinéma traditionnel.

Toutefois, il faut savoir qu'un adaptateur de ce type réduit la quantité de lumière de 1/2 à 2/3 de diaph. Cela risque de poser problème quand les conditions d'éclairage ne sont pas optimales. Vous devez également savoir que ces adaptateurs limitent la fermeture du diaphragme (à 5.6 environ). Au-delà, vous introduisez une texture très granuleuse. De son côté, la mise au point n'est pas simple à effectuer. Il est donc recommandé d'utiliser un moniteur LCD HD externe pour la vérifier. Il est également possible d'équiper votre dispositif d'un système permettant à des membres de l'équipe de s'occuper exclusivement du contrôle de la mise au point.

vidéo SD et HD

La haute définition, ou HD, est rapidement devenu un format de choix dans le tournage et la diffusion en vidéo numérique. Aujourd'hui, elle est également entrée dans l'univers de la vidéo familiale, et de nombreux appareils photo numériques permettent de filmer en HD. Bien entendu, malgré sa disparition progressive, le format SD ne peut pas être occulté. Quelle est la différence majeure entre ces deux formats vidéo ? La résolution, bien sûr. La taille d'une image SD est de 720 × 576 pixels, alors que celle d'une image HD est de 1 280 × 720 ou de 1 920 × 1 080 pixels. Ainsi, la résolution dite *full HD* (1 920 × 1 080) permet d'enregistrer un maximum de détails et d'obtenir un rendu des couleurs époustouflant. Cette différence est notable lorsque vous filmez des scènes riches en détails. De nombreuses caméras HD permettent de filmer en 24p, c'est-à-dire dans un mode progressif dont la cadence est identique à celle du défilement cinématographique de 24 images par seconde.

Les caméras SD et HD de moyenne gamme permettent de contrôler la manière dont l'appareil va réagir à la lumière. Vous pouvez ainsi maîtriser les zones surexposées et sous-exposées de votre image. Lorsque vous filmez avec des caméras vidéo qui disposent de réglages de « compression gamma » ou de « ciné-gamma », vous pouvez produire des images dont la plage tonale est proche de celle obtenue avec un matériel cinématographique traditionnel. Si votre but est de produire à moindres frais une vidéo dont la qualité d'image est proche de celle d'une pellicule, optez pour un format HD 24p avec ciné-gamma. Bien entendu, rien ne vous empêche de donner un aspect SD à vos images. Il suffit de réduire la résolution HD de manière à réintroduire les artefacts des modes de prises de vues 25i ou 30i. Cela a donné un résultat très convaincant dans le film *Le projet Blair Witch* de Eduardo Sãnchez (1999).

Les caméras de moyenne et haute gamme disposent d'un contrôle du gain, qui permet d'augmenter la sensibilité du capteur à la lumière lorsque vous filmez dans des conditions d'éclairage précaires. Cette fonction n'est pas sans inconvénient. En effet, elle ajoute beaucoup de bruit dans votre image. Donc, si ce n'est pas un choix purement esthétique, évitez d'utiliser le gain pour compenser la faible lumière ambiante.

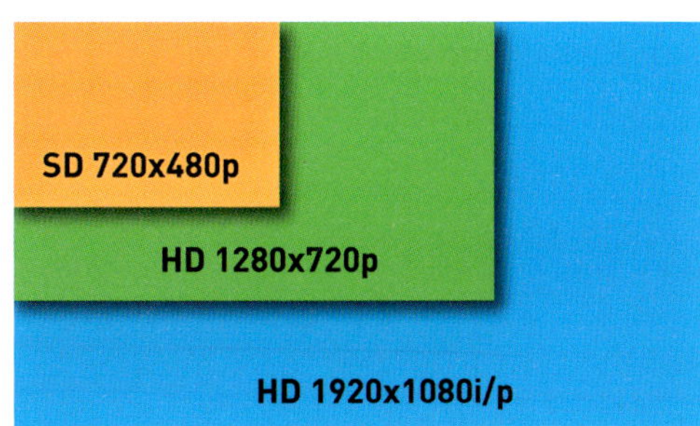

dimension des images SD et HD

un viseur de champ

Pour vous entraîner à avoir le «regard» du réalisateur, investissez dans un viseur de champ. Il s'agit d'un petit viseur, sans caméra, qui vous permet de choisir votre cadrage et votre angle de prise de vue. Grâce à cet accessoire, vous vous familiariserez avec les spécificités esthétiques de différentes longueurs de focale, et plus particulièrement sur la perspective de l'axe *z*. Le problème est qu'un bon viseur de champ coûte plusieurs centaines d'euros. N'en achetez donc pas un pour satisfaire un caprice, mais seulement s'il peut vous être utile. Il vous servira, par exemple, lors du repérage des divers lieux de tournage. Sur le plateau, il vous permettra d'anticiper vos besoins. La caméra pourra être placée plus rapidement au bon endroit, et cela vous évitera d'effectuer de nombreux essais qui font perdre du temps à tout le monde. Si vous n'avez pas les moyens d'effectuer cet achat, pensez à utiliser un appareil reflex numérique. Vous pourrez ainsi évaluer vos besoins en matière de profondeur de champ et de longueur de la focale. Enfin, méthode bon marché s'il en est, utilisez vos deux mains pour composer un viseur de fortune. Cela permettra de définir très rapidement ce qui doit ou non être dans le cadre. L'œil parcourt naturellement la totalité du cadre et pas uniquement le point focal. Ainsi, vous découvrez instinctivement les relations qui se créent entre les divers éléments du cadre, chose difficile à anticiper lorsque vous ne regardez pas dans un viseur, même de fortune.

un viseur de champ

1

2

Old Boy, *Park Chan-wook (2003).*

la théorie des correspondances

Le concept des correspondances a été élaboré par des théoriciens du cinéma. Il consiste à faire une analyse systématique des images, du montage et de la composition pour y trouver la signification du film. On se fonde sur les connotations qu'ont certaines images en plus de leur signification littérale. Par exemple, le plan d'une personne se regardant dans un miroir peut signifier une double personnalité et/ou un conflit interne. Il existe en psychologie une forte symbolique associée au miroir. La correspondance peut avoir une définition plus simple. Elle consiste à utiliser des images et des compositions récurrentes afin d'ajouter des couches de sens à une narration. La répétition des images est un outil très puissant pour introduire des thèmes, des motifs et des symboles qui ne pourraient pas être explicitement mis en évidence dans le déroulement traditionnel de l'histoire. Les correspondances peuvent être utilisées pour montrer l'évolution d'un personnage, communiquer des informations importantes et créer entre les personnages des associations significatives, mais qui ne sont pas explicites dans l'histoire. Les rappels et les comparaisons visuelles sont inhérents à la manière dont le public interprète le sens des images pour comprendre l'histoire racontée dans le film. Pour cela, il effectue sans cesse des connexions entre et à l'intérieur des plans. Les correspondances peuvent être très subtiles, répétant certaines compositions, couleurs et imageries d'une manière qui n'est pas forcément simple à apprécier. Parfois, ces éléments fonctionnent à un niveau subliminal. Dans ce cas, seuls quelques spectateurs ressentiront cette répétition des images et les compositions des plans. Ils décoderont spontanément les niveaux additionnels de signification. D'autres spectateurs n'établiront pas cette connexion, n'accédant qu'à la narration primaire du film. Il est déconseillé de faire des correspondances le « propos » du film en appuyant les symboles par des icônes, des graphiques, ou des éléments trop significatifs. Les correspondances doivent être d'une grande subtilité.

Elles ne doivent pas uniquement reposer sur la répétition des images pour créer un point narratif supplémentaire. Elles consistent notamment en des plans où la distance entre les personnages clés diminue graduellement. Il suffira pour cela d'utiliser des **longueurs de focale** plus longues afin de réduire les distances sur l'**axe** z. Ou bien vous pourrez passer progressivement d'un angle de prise de vue en plongée à un angle de prise de vue en contre-plongée pour montrer l'évolution psychologique d'un personnage. Vous devez donc comprendre qu'une correspondance n'a rien à voir avec une stratégie visuelle qui consiste à définir le support, le format, les objectifs et l'éclairage. Il s'agit là d'éléments qui ne font pas partie intégrante d'une correspondance, même s'ils lui permettent de fonctionner. Ce fonctionnement dépend d'une étroite relation établie entre la composition du plan, le montage et la direction d'acteurs. Bien entendu, la correspondance n'est pas obligatoire. Vous pouvez parfaitement raconter une histoire sans y recourir. Cependant, développer un tel système d'analogies et renvois peut être une expérience très excitante qui vous aidera à mieux appréhender la structure de votre histoire. Pour cela, commencez par bien déterminer le **cœur de votre histoire**, c'est-à-dire ses thèmes et ses principaux motifs. Dès que aurez bien cerné ce cœur, vous pourrez concevoir un système de correspondances destiné à être mis en œuvre de manière constante tout au long de votre film.

Les correspondances dans *Old Boy*

Le film *Old Boy* de Park Chan-wook (2003) possède un système de correspondances qui répète des compositions et des images symboliques. Cela amplifie la dimension émotionnelle de cette histoire basée sur l'obsession et la vengeance. *Old Boy* raconte l'histoire de Dae-su (Choi Min-sik), un homme d'affaires kidnappé et emprisonné pendant quinze ans. Durant cette incarcération, il apprend que ses kidnappeurs ont assassiné sa femme. Sans aucune explication, Dae-su est libéré. Il se lie d'amitié avec une jeune femme nommé Mi-do (Hang Hye-jeong), qu'il rencontre dans le restaurant où elle travaille. Elle l'aide dans la recherche de sa fille, peut-être adoptée par une famille à l'étranger. Il reçoit un coup de téléphone de son kidnappeur qui le met au défi de trouver les raisons de son enlèvement. Il n'aura que cinq jours pour trouver la solution, sinon Mi-do sera tuée. S'il réussit, le kidnappeur dit qu'il se suicidera. S'engage alors une course contre la montre, dans laquelle se mélangent de multiples sentiments entre lui et l'homme qui a assassiné sa femme et qui lui a volé quinze ans de sa vie. Dae-su trouve finalement la solution au mystère. Son kidnappeur est un millionnaire du nom de Woo-jin (Yu Ji-tae), qui a fréquenté la même école supérieure que lui. Il tient Dae-su pour responsable du suicide de sa sœur, survenu après qu'il a fait courir une rumeur, selon laquelle elle était la victime de relations incestueuses. Le plus terrible est que Woo-jin a tout fait pour que Dae-su rencontre Mi-do. Or, Mi-do n'est autre que la fille de Dae-su, perdue de vue quinze années auparavant. La vengeance de Woo-jin était de lui faire commettre un inceste.

Les correspondances dans *Old Boy* sont étroitement liées à la narration. La répétition des compositions et des motifs n'est pas uniquement faite pour ajouter des niveaux de signification. Ce système prend une part active à l'histoire. Il utilise des points clés pour faire avancer le complot. Par exemple, Dae-su découvre le lien qu'il a avec Mi-do grâce à un album photo contenant des images d'elle à des âges très différents. C'est l'album qu'il brandissait au début (figure 15). La sœur de Woo-jin a pris un autoportrait quelques secondes avant de se suicider, image qui réapparaît à la fin du film. Le réalisateur, par son système, met en miroir les images et les événements tout au long de l'histoire. Les choses se répètent comme des échos énigmatiques. Ainsi, Dae-su voit le reflet de son visage sur l'album photo quand il découvre la conspiration de Woo-jin. La sœur de Woo-jin, elle, voit son reflet dans un miroir alors qu'elle vient d'avoir un rapport avec son frère. Sous hypnose, le reflet de Dae-su sur une fenêtre est utilisé pour effacer de sa mémoire sa relation incestueuse. Enfin, la vengeance de Woo-jin est entièrement construite pour atteindre un objectif bien précis : que Dae-su tombe amoureux de sa fille et qu'il commette un inceste, effet miroir de sa propre existence.

Old Boy utilise la répétition de bien des manières afin de soutenir l'idée principale du film, ce qui amplifie l'impact dramatique de l'histoire. La figure 1 montre un tableau que regarde Dae-su durant son emprisonnement. Il porte une inscription qui dit ceci : « Ris, et le monde rira avec toi. Pleure, et tu pleureras seul. » (extrait de *Solitude*, un poème d'Ella Wheeler Wilcox). Ces mots reviennent à son esprit dès qu'il se trouve dans une terrible situation résultant des manigances de Woo-jin. Le visage peint est assez ambigu. Difficile de savoir s'il rit ou s'il pleure. La figure 2 est extraite d'un des derniers plans du film. Nous y voyons Dae-su après que l'inceste a été effacé de sa mémoire, au moment où il retrouve réellement sa fille. Comme le visage peint, difficile de savoir s'il rit ou s'il pleure. Le spectateur pourrait légitimement penser que Dae-su garde en lui les traces de l'inceste qu'a su provoquer son ennemi Woo-jin. Ici, les diverses connexions que nous pouvons établir entre ce plan, celui de la peinture et la phrase mémorisée par Dae-su renforcent la complexité émotionnelle et psychologique du moment.

Les figures 3 et 4 montrent la scène d'ouverture du film. Nous apprendrons plus tard que, dans les deux cas, il s'agit d'une scène où un homme en sauve un autre du suicide. Comme à la fin du film nous retrouvons une image de suicide, l'effet miroir utilisé par le système du réalisateur boucle la boucle narrative. Qui sont ces deux hommes? Sauvent-ils ou tuent-ils un homme? Le contrechamp de ces deux plans, que l'on peut voir aux figures 5 et 6, joue encore sur le registre de l'effet miroir. Nous y voyons notamment la sœur de Woo-jin cherchant à se suicider. La répétition des compositions et des circonstances suggère ici la connexion qui existe entre les destins de Dae-su et de Woo-jin. Leur obsession de la vengeance en fait deux êtres assez semblables. Woo-jin a été capable d'attendre quinze années avant de libérer Dae-su pour voir sa vengeance s'exécuter. De son côté, Dae-su passera dix années de son emprisonnement à se transformer en une machine à tuer, perdant son humanité. Même les gestes des deux personnages deviennent quasiment les mêmes. Le simple fait de filmer les deux personnages enfilant leur chemise avec une échelle de plan équivalente accentue leur ressemblance (figures 7 et 8).

Le symbolisme associé à certaines images permet de connecter les personnages entre eux. La figure 9 montre Dae-su au début du film. Il porte des ailes d'ange qu'il a achetées pour sa fille le jour même où il sera enlevé. On retrouve ces mêmes ailes plus tard dans le plan de la figure 10. C'est Mi-do qui les porte, ce qui nous permet d'établir le lien qui la relie réellement à Dae-su. Les ailes deviennent un symbole fort du récit et ajoutent une dimension mystique à ces scènes. D'une certaine manière, l'envol de Dae-su et de Mi-do semble impossible suite à l'acte sexuel qui a eu lieu entre eux. L'impact religieux lui-même est soutenu par les plans des figures 11 et 12. Mi-do prie exactement comme le personnage peint figure 11. Cela établit un autre lien : celui de son père quand il est emprisonné et n'a comme seul compagnon que le sujet de cette peinture, dont il reprendra l'expression à la fin du film.

La répétition d'images est également présente dans la scène où Dae-su, suivant les indices laissés par Woo-jin, rend visite à l'une de ses camarades de classe qui tient aujourd'hui un salon de coiffure. Lorsqu'il obtient d'elle quelques informations, une jeune femme entre dans la boutique. Dae-su pose son regard sur les genoux de cette femme (figure 13). Cette vision rappelle à Dae-su l'image de la figure 14. Sans ces genoux, Dae-su ne se serait probablement jamais souvenu de l'image en question. Cette «révélation» est appuyée par le moment précis où Dae-su revient dans la pièce où il a vu Woo-jin abuser de sa sœur par le passé. Il fait alors le lien entre ce qu'il a vécu et la vengeance de Woo-jin.

La figure 15 montre Dae-su ivre brandissant une photo de sa famille. Lors de sa confrontation finale avec Woo-jin, cette composition est répétée au moment où il montre la photo de la sœur du kidnappeur prise quelques secondes avant son suicide (figure 16). Cette fois, Dae-su semble concentré, déterminé, transformé par son épreuve. Ce changement est souligné par la chemise rouge qu'il a enfilée au lieu de la blanche qu'il a l'habitude de porter.

Dans le même ordre d'idées, une correspondance peut inclure une répétition facile à mémoriser jusqu'à la fin du film. Le public comprend alors que l'histoire a effectué une boucle parfaite, le tenant en haleine du début à la fin. La figure 17 montre Dae-su libéré (au début du film), tandis que la figure 18 le montre dans la dernière scène du film après qu'il s'est réveillé d'une séance d'hypnose destinée à lui faire oublier son acte incestueux. La composition des deux plans est si inhabituelle que le public s'en souvient parfaitement. Ce type de système est très prisé des réalisateurs, même dans des films qui ne développent pas un système de correspondances très élaboré. La répétition d'images permet de communiquer au spectateur l'impression que le film se termine en ayant donné des réponses à toutes les questions, même si cela n'est pas toujours le cas.

Old Boy développe des correspondances sophistiquées et précises. Il augmente l'intensité dramatique en établissant des résonances entre les thèmes et les motifs narrés. Il s'agit probablement de la meilleure utilisation que l'on puisse faire de cette technique. Mais l'implémentation efficace des correspondances dépend de la mise en œuvre d'un parti pris narratif particulièrement bien maîtrisé. Il est mis en évidence par la composition de cadrages respectant le langage cinématographique, c'est-à-dire tout ce qui nourrit le contenu du reste de ce livre.

3

4

5

6

7

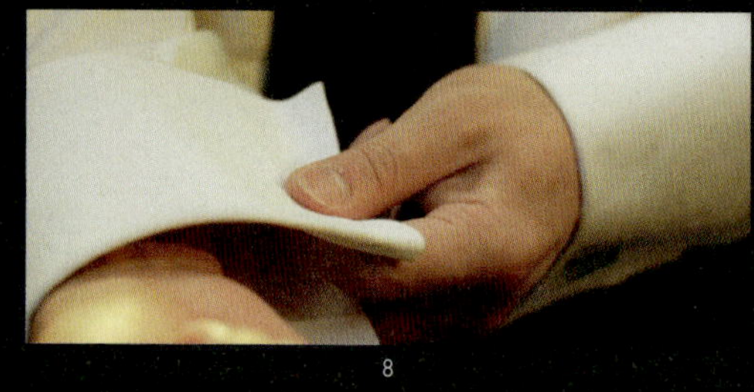
8

9

10

Old Boy, *Park Chan-wook (2003)*.

11

12

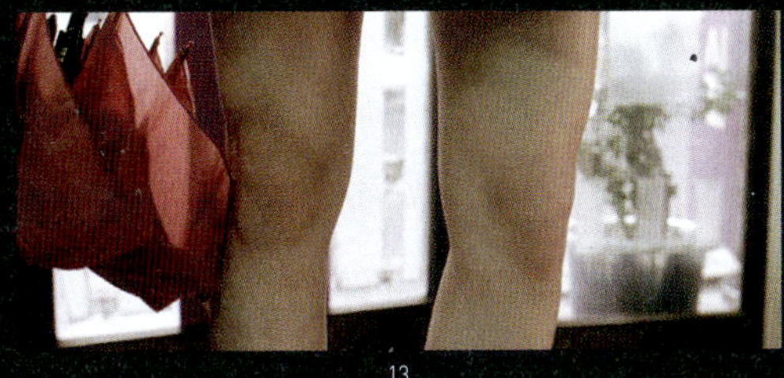
13

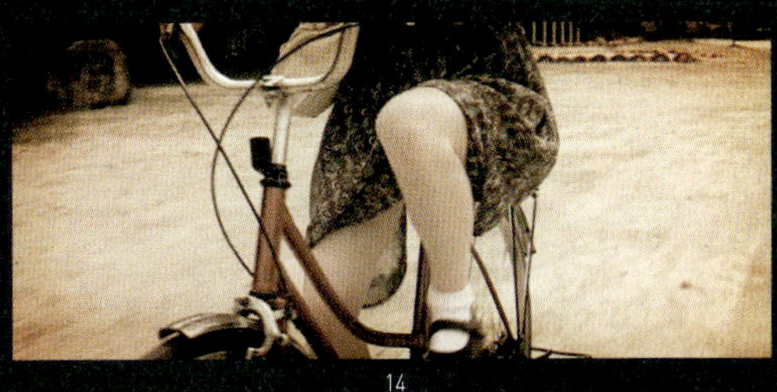
14

15

16

17

18

Lucia et le sexe, *Julio Medem (2001).*

le très gros plan

Le très gros plan permet d'attirer l'attention du spectateur sur un détail précis d'un personnage ou d'un petit objet. En d'autres termes, il isole un seul détail visuel du reste de la scène. Lorsque le détail en question est minuscule, le très gros plan ne peut être filmé qu'avec un objectif spécial appelé **macro**. On parle alors d'un **plan macro**. Dès que vous isolez un détail dans le cadre, une question surgit dans l'esprit du spectateur : « Pourquoi le réalisateur s'attarde-t-il sur ce détail ? » C'est la conséquence de la **règle d'Hitchcock**. Le très gros plan s'utilise aussi comme composante visuelle puissante d'un **système de correspondances**. En général, les réalisateurs filment en très gros plan un détail qui semblerait sans importance s'il était vu en dehors du contexte dramatique et narratif de la scène. Ce plan souligne donc l'incidence narrative d'un objet. Le fait de le voir réapparaître ultérieurement confirmera l'importance déduite de sa première apparition. Dans certaines circonstances, le très gros plan fonctionne comme un **plan abstrait**. Le public se focalise sur des détails visuels qui ne sont pas forcément en lien direct avec le récit, mais qui lui ajoutent néanmoins une certaine intensité dramatique par cette abstraction ou par sa symbolique. Un bon exemple de ce principe est mis en évidence dans la scène d'ouverture du film *Blue Velvet* de David Lynch (1986). Après quelques plans idylliques d'une petite ville américaine, le montage se termine par un très gros plan d'insectes noirs rampant sur un gazon parfaitement entretenu. Bien que ces insectes n'aient rien à voir avec l'histoire, leur présence dans cette séquence suggère l'idée que, sous des apparences de quiétude, se cache souvent une violence contenue susceptible de briser un certain ordre social.

Sur l'image de la précédente page, extraite du film *Lucia et le sexe* réalisé par Julio Medem (2001), un très gros plan permet de suivre le chemin d'une larme qui coule sur la joue d'Elena (Najwa Nimri), qui entretient une relation torride avec un homme rencontré sur une île de la Méditerranée. La scène s'ouvre sur un plan d'une pleine lune qui se transforme, *via* un fondu enchaîné, en test de grossesse positif. Visuellement, le fait de suivre le parcours de cette larme en très gros plan ajoute une dimension symbolique et poétique à la scène. En effet, nous avons là un ensemble d'analogies porteuses de messages : l'eau salée, la mer, les vagues, les cycles de lune, les cycles menstruels, la grossesse, etc. Ici, le très gros plan a été utilisé pour créer un point thématique qu'aucune autre échelle de plan n'aurait pu mettre en exergue.

Ce très gros plan du film Lucia et le sexe *de Julio Medem suit le parcours d'une larme coulant sur la joue d'Elena, qui vient d'apprendre qu'elle est enceinte. La larme rappelle l'eau de mer où elle a eu cette relation sexuelle aux conséquences fatales.*

très gros plan

sa raison d'être

Le très gros plan met en évidence un élément de manière à attirer l'attention sur un détail. Cela induit, dans l'esprit du spectateur, que ce détail jouera un rôle capital dans l'histoire, même si ce rôle n'est pas évident de prime abord. Dans cet exemple tiré du film *Le mariage de Maria Braun* de Rainer Werner Fassbinder (1979), le très gros plan d'un paquet de cigarettes qui apparaît au début du film indique que cette prise de vue se passe, dans l'histoire racontée, après la seconde guerre mondiale. À ce moment du film, il est impossible de comprendre la nécessité d'un tel plan. Mais, à la fin du film, lorsque Maria meurt à cause d'un paquet de cigarettes (explosion de gaz), nous comprenons que le très gros plan du début établit une correspondance avec cette fin tragique, tout en montrant la situation politique de l'Allemagne depuis la seconde guerre mondiale.

Le plan qui précédait celui-ci était de type moyen, éclairé sous un angle totalement différent. Toutefois, comme l'uniformité de l'éclairage a été conservée, cette différence de traitement n'est pas décelable.

Bien que ce plan ne montre que deux paquets de cigarettes, ils sont placés de manière à être coupés par les bords du cadre. Cette composition suggère l'existence d'un espace hors champ. C'est une stratégie assez répandue pour ajouter de la profondeur à la composition d'un plan.

Cette cigarette est placée sur le point focal de la composition. Les diagonales créées par les deux paquets guident naturellement le regard du public vers la cigarette en question. La faible profondeur de champ l'isole des autres éléments du cadre. Ce principe de composition, qui consiste à détourner notre attention des éléments sans importance, fait naître des attentes certaines sur le rôle que joue le plan dans l'histoire.

Comme un très gros plan n'épargne aucun détail, la composition doit être ultra-précise. En effet, l'œil du spectateur ne doit pas être attiré par des éléments superflus. L'intérêt de ce plan aurait été réduit si les cigarettes avaient reposé sur un journal au lieu de l'actuel plateau immaculé.

La faible profondeur de champ permet une mise au point sélective. Le réalisateur met en évidence des zones bien précises du plan. Cela en augmente l'intérêt car la mise au point témoigne d'une volonté narrative et/ou symbolique fondamentale. Dans ce film, la netteté permet de faire ressortir deux détails : le mot « Deutschland » (Allemagne) du paquet de cigarettes et le paquet ouvert. Le réalisateur souligne alors la nouvelle orientation économique d'après-guerre dans une Allemagne marquée par l'impérialisme américain, un thème sous-jacent du film.

considérations techniques

les objectifs

En fonction de la taille du sujet dans le plan, les objectifs à **longue focale** ou les **grands-angles** sont communément utilisés. Ces deux types d'objectifs peuvent créer une **faible profondeur de champ**. (Le téléobjectif, à cause de son optique et le grand angle, à cause de la courte distance qui sépare la caméra du sujet.) Les **objectifs zoom** posent des problèmes en position grand angle. En effet, ils ne permettent pas une mise au point aussi précise qu'un objectif grand-angle à focale fixe, qui peut se placer plus près du sujet filmé et capturer ainsi de plus petits détails. Les objectifs zoom qui équipent la plupart des caméras **SD** et **HD**, ainsi que les appareils photo reflex numériques, peuvent assez facilement filmer en très gros plan. En effet, leur longueur de focale la plus courte (du fait de la petite taille des **capteurs CCD**) permet des mises au point à des distances très courtes du sujet. Dans certains cas, le sujet peut être trop petit pour être filmé avec ces objectifs standard. Il faudra alors recourir à un objectif à **focale fixe**, appelé **objectif macro** car il doit généralement être en position macrophotographique pour permettre une mise au point sélective sans faille.

le format

La proximité de ce plan ne permet pas de capturer tous les détails, surtout quand vous employez un grand angle qui sera obligatoirement très proche du sujet. Ici, l'utilisation d'un moniteur de contrôle est indispensable pour exploiter correctement les détails visuels. Vous aurez ainsi une idée assez précise de la qualité de ces détails lorsque le film sera projeté sur grand écran. Avec des caméras de cinéma, il est difficile de louer un système de contrôle externe des images car le prix est exorbitant. Il est alors conseillé de tourner en **SD** ou en **HD**. Ces caméras disposent systématiquement de sorties vidéo que vous pouvez connecter à un écran externe. Évitez de contrôler votre image sur le petit écran LCD de ces caméras. La netteté, trompeuse, y semble toujours bonne et ils manquent de précision dans le contraste et les couleurs.

l'éclairage

Que le sujet soit une personne ou un objet, l'éclairage doit être d'une grande précision. En effet, la lumière est utilisée pour communiquer au plan sa puissance visuelle. Les sources d'éclairage doivent être mobiles de manière à « sculpter » le contenu du très gros plan, en changeant la direction de la lumière dès que cela est nécessaire. Il est impératif de maintenir la continuité de l'éclairage sous peine de ruiner celle de la narration. L'exemple de la page ci-contre, extrait de *Clockers* de Spike Lee (1995), se joue de la continuité de l'éclairage. En effet, dans le plan qui précède celui-ci, la salle d'interrogatoire est parfaitement visible. Or, dans ce très gros plan, nous ne voyons que le reflet de la personne qui mène l'interrogatoire. L'image en devient saisissante.

transgresser les règles

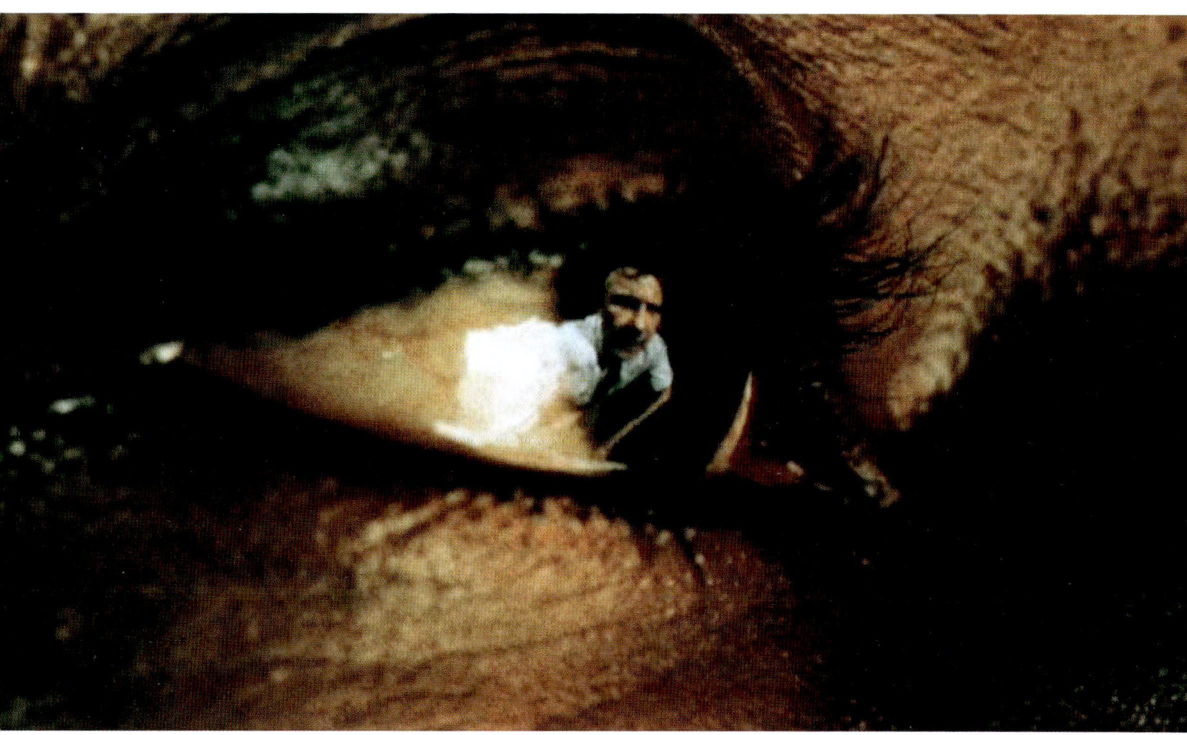

L'angle particulier de ce très gros plan permet de voir les moindres détails de cette image. Pourquoi Spike Lee n'a-t-il pas respecté la continuité de l'éclairage d'un plan à un autre ? Parce que le personnage joué par Harvey Keitel dit la chose suivante : « Je veux voir ce que tu as vu ». La modification de l'éclairage permet de placer le reflet du détective sur la pupille de Isaiah Washington, donc de le mettre déjà dans son regard.

WALL-E, Andrew Stanton (2008).

le gros plan

Le gros plan n'existait pas à l'époque des « primitifs », c'est-à-dire au début du cinéma muet. En effet, les films étaient tournés comme des pièces de théâtre vues d'un fauteuil. On parlait d'ailleurs de « caméra fauteuil ». Avec l'arrivée du montage, les échelles de plan ont évolué et le gros plan a fait son apparition. Son principal intérêt est de montrer au public les nuances de comportement et l'émotion d'un personnage, chose impossible à distinguer sur des plans plus larges.

Ce principe, aussi simple soit-il, a des incidences fondamentales sur le tournage des plans et sur leur montage. Il influe bien entendu sur le jeu de l'acteur. En effet, avec le gros plan, il n'est plus nécessaire d'avoir un jeu outrancier comme au début du cinéma. Le style est devenu plus naturel. La proximité du gros plan crée une intimité émotionnelle qui est l'une des grandes caractéristiques de l'art cinématographique. Les avancées techniques ont permis de renforcer ce caractère intimiste du gros plan. Il est devenu de plus en plus facile d'obtenir une **profondeur de champ réduite** en rendant l'arrière-plan complètement flou. Le sujet filmé en gros plan se retrouve alors totalement isolé dans le cadre. L'attention du public se porte sur lui de manière infaillible. Ce principe est tellement ancré dans le langage cinématographique qu'il devient difficile de trouver dans un film un gros plan qui présente une **grande profondeur de champ**.

Toutefois, il ne faut pas abuser du gros plan. Il doit être utilisé dans des moments clés de l'histoire. Par exemple, le gros plan sera employé pour montrer une expression du visage, mais aussi un point de vue, un ressenti. Si le gros plan est galvaudé, il perdra toute sa signification, tout son impact dramatique. Alternativement, les gros plans sont utilisés lorsque le sujet a une taille adéquate pour que ses détails soient bien visibles avec cette échelle de plan. Il sera également employé lorsqu'un objet aura besoin de traduire visuellement un état (**règle d'Hitchcock**).

Dans le film *WALL-E* d'Andrew Stanton (2008), nous voyons le robot faire son travail quotidien, c'est-à-dire ramasser les ordures et les empiler sous forme de gros cubes. Il est seul sur Terre depuis une centaine d'année, les terriens ayant abandonné leur planète le temps qu'elle soit nettoyée. Mais WALL-E a une passion : collectionner les fourchettes, les briquets et les jouets. Un jour, il découvre une plante, signe que la vie peut reprendre sur Terre. Ce moment est crucial dans l'histoire. Pour souligner son importance, le réalisateur a décidé de montrer un gros plan de WALL-E, dans les yeux électroniques duquel nous voyons le reflet de la plante. Le public comprend l'importance de la découverte, même s'il n'en connaît pas encore les implications. Vous comprenez le potentiel narratif que peut avoir le gros plan.

Bien qu'il s'agisse d'une animation 3D, ce plan extrait de WALL-E d'Andrew Stanton (2008) respecte les conventions visuelles du cinéma classique. Il associe un gros plan à une profondeur de champ réduite et place le personnage dans le cadre suivant la règle des tiers. D'après vous, s'agit-il d'un moment clé du film ?

gros plan

sa raison d'être

Le gros plan est principalement fait pour établir un lien d'intimité entre le personnage et le spectateur. Il permet d'apprécier les nuances les plus subtiles sur le visage d'un personnage et d'en comprendre le comportement et/ou d'apprécier son niveau d'émotion. De ce fait, tous les éléments inutiles au gros plan doivent être invisibles. Pour cela, le gros plan est généralement utilisé avec une profondeur de champ très réduite. Les éléments situés à l'arrière-plan du sujet filmé sont flous. Ce gros plan, extrait du film *Les trois singes* de Nuri Bilge (2008), montre Eyup (Yavuz Bingol), qui accepte d'endosser la responsabilité d'un accident de voiture après que son employeur lui a offert une très forte somme d'argent. Il est difficile de déterminer l'état psychologique dans lequel se trouve Eyup : est-il plein d'espoir ? En colère ? Submergé de regrets ? Seul un gros plan permet de générer un sentiment aussi complexe.

Remarquez le faible espace à gauche entre le visage et le bord du cadre, alors qu'il est bien plus important à droite. Ce gros plan respecte la règle des tiers.

Pourquoi la tête est-elle coupée par le cadre ? Afin de maintenir la cohérence du cadrage. Dans le cas contraire, la composition aurait été totalement déséquilibrée.

Dans un gros plan, les yeux du sujet sont importants. Vous remarquez un léger reflet dans les pupilles qui donne de la vie à ce regard. Il est donc nécessaire de placer un réflecteur ou une lumière pour ajouter ce reflet dans les yeux.

Le sujet regarde vers la droite du cadre. Cela détermine la position de la zone vers laquelle il regarde, dans le plus pur respect de la règle des tiers. Observez l'importance de l'espace vide à droite du cadre par rapport à celui situé à gauche du cadre.

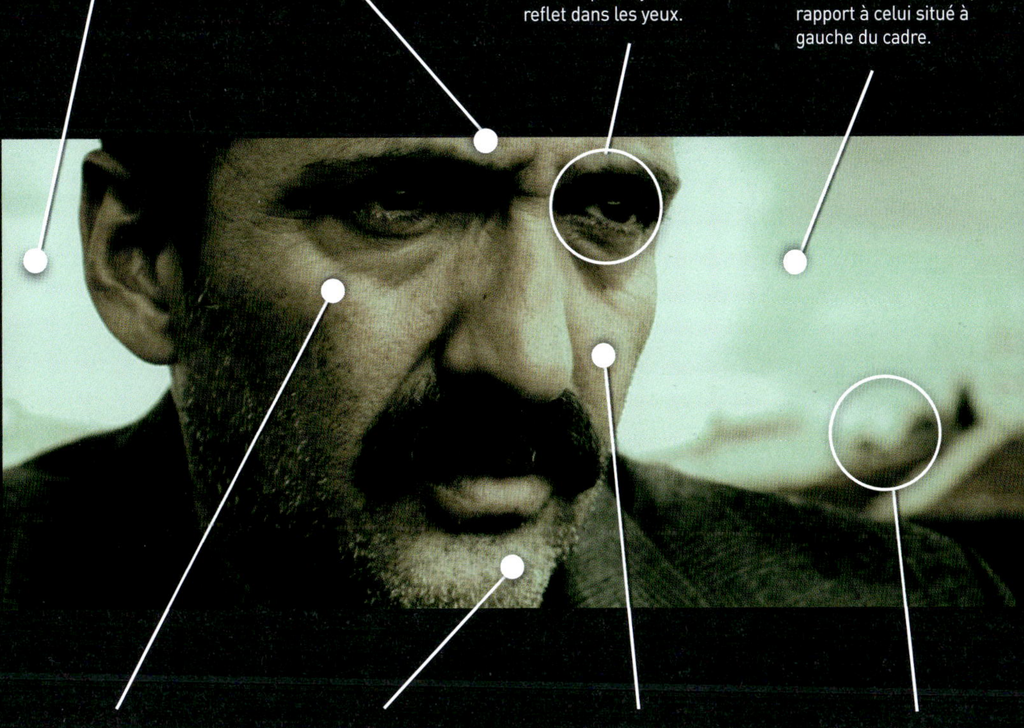

La règle des tiers n'est pas toujours adaptée à la détermination du point focal. Ici, le haut de la tête est coupé, ce qui place les yeux légèrement plus haut qu'ils ne le seraient dans l'application stricte de cette règle. La puce est placée sur le point de jonction supérieur gauche de la cellule centrale (imaginaire) définie par la règle des tiers.

Pour contrôler le mieux possible les informations visuelles communiquées par le plan, il suffit de choisir l'objectif approprié. Il déterminera le champ de vision adapté. N'oubliez pas que les focales courtes déforment les visages, ce qui peut contrarier l'histoire du film.

Le visage de l'acteur détermine la composition du plan. Le public est alors en connexion directe avec sa performance scénique. Pour assurer cette connexion, les gros plans sont souvent filmés avec un objectif normal ou un petit téléobjectif, car un grand angle a tendance à déformer les visages.

L'arrière-plan est généralement flou, grâce à une très faible profondeur de champ. L'attention du spectateur se focalise inévitablement sur le visage en gros plan.

considérations techniques

les objectifs

Le gros plan se tourne généralement avec un objectif standard ou avec un téléobjectif. Parfois, le grand angle est utilisé pour déformer le sujet filmé. Toutefois, dans la majorité des cas, vous ne chercherez pas à déformer le personnage en gros plan car cet effet tend à éloigner le spectateur du propos de votre récit. L'ouverture est généralement très grande pour permettre une **faible profondeur de champ**. En intérieur, le contrôle de l'intensité de la lumière facilite ce réglage afin de compenser l'importante quantité de lumière qui entre par l'objectif du fait d'un diaphragme largement ouvert. En extérieur, les choses sont plus complexes. Pour compenser cette arrivée massive de lumière, vous utiliserez un **filtre gris neutre**. Il permet de réduire l'ouverture de plusieurs diaphs sans modifier votre valeur *f*-stop. Retenez aussi que vous pouvez gérer la profondeur de champ en modifiant la distance qui sépare la caméra du sujet filmé. Cela n'est pas toujours facile à effectuer en intérieur car les espaces sont souvent réduits. Dans ce cas, la modification de l'ouverture est une méthode plus efficace.

le format

Lorsque vous filmez, c'est-à-dire quand vous utilisez de la pellicule, le choix du format est une décision de nature artistique. Cela signifie que vous devez considérer le grain généré par la pellicule, le rendu de la couleur, la rapidité (sensibilité) et le contraste. Gardez à l'esprit qu'une faible profondeur de champ est obtenue par une grande ouverture du diaphragme. Elle est donc plus facile à réaliser avec une pellicule lente. En effet, un film rapide est très sensible à la lumière, ce qui oblige à fermer davantage le diaphragme. Or, pour une profondeur de champ réduite, vous devez précisément faire le contraire. Si vous filmez en **HD** ou en **SD**, la petite taille du **capteur CCD** ne facilite pas l'obtention d'une faible profondeur de champ. Dans ce cas, envisagez l'achat d'un **adaptateur 35 mm**. En HD, la précision de l'image est telle que vous enregistrez parfois trop de détails, ce qui détourne l'attention du spectateur. Pour éviter cela, certaines caméras professionnelles disposent d'un réglage qui agit sur l'intensité de la netteté, une sorte de filtre d'accentuation ou d'atténuation. Vous atténuerez cette netteté lorsque le maquillage de l'acteur est tel qu'il risque d'être perçu par le public. Pour mieux contrôler ce niveau de netteté supplémentaire, il est indispensable de contrôler l'image sur un moniteur externe HD. Oubliez l'écran LCD de votre caméra ou de votre appareil photo numérique.

l'éclairage

Le type d'éclairage nécessaire à un gros plan dépend entièrement de votre stratégie visuelle. Toutefois, il est recommandé de placer systématiquement des reflets dans les pupilles, afin de donner vie au regard du personnage. Pour cela, placez des lumières de faible intensité à proximité de la caméra. De son côté, l'éclairage ambiant maintient la continuité de la lumière. Ainsi, le passage au gros plan se fait en douceur. L'ajout d'un éclairage en contrejour (comme sur la photo ci-contre, extraite de *Pulp Fiction*) est une technique très répandue pour faire ressortir le personnage filmé. Ce dispositif se remarquera moins si vous modifiez considérablement l'échelle de plan entre les deux prises de vues qui se succèdent au montage.

transgresser les règles

La principale fonction du gros plan est de révéler des nuances dans le comportement et les émotions du personnage. Dans ce plan, extrait de Pulp Fiction de Quentin Tarantino (1994), le réalisateur produit l'effet inverse. Ici, le gros plan est destiné à créer un mystère autour du personnage de Marsellus (Ving Rhames). En voyant ce plan, tout le monde se pose la question suivante : pourquoi a-t-il un pansement dans le cou ? Vous remarquez que tous les autres principes liés au gros plan sont respectés, c'est-à-dire la faible profondeur de champ, la règle des tiers, la direction dans laquelle le personnage regarde et, enfin, le recadrage du sommet de la tête. Pour finir, Tarantino utilise ici un plan au-dessus de l'épaule des plus conventionnels.

Le fabuleux destin d'Amélie Poulain, *Jean-Pierre Jeunet (2001).*

le plan rapproché (ou cravate)

Le plan rapproché, ou plan cravate, est une sorte de gros plan intermédiaire qui fait entrer dans le cadre les épaules et la poitrine du sujet. Il se situe entre le **gros plan** et le **plan moyen**. À l'image du gros plan, le plan rapproché montre le visage, ce qui permet au public d'apprécier les petites nuances du comportement de l'acteur et l'expression faciale de ses émotions, tout en y ajoutant un degré d'identification et d'empathie. Généralement, ce plan inclut au moins les épaules et peut descendre jusqu'au milieu de la poitrine, d'où son appellation de « plan cravate ». Pour le réaliser, la caméra est placée près du sujet. Il en résulte une **faible profondeur de champ** qui rend l'arrière-plan flou. Le personnage est donc isolé des autres éléments de l'image. Comme ce plan est sensiblement plus large qu'un gros plan, l'arrière-plan, quelle qu'en soit la netteté, pourra contenir des éléments symboliques ou dramatiques qui caractériseront l'état d'esprit du personnage ou qui définiront sa situation géographique. Toutefois, le plan rapproché reste avant tout un plan qui connecte le spectateur au personnage, et crée entre eux un niveau d'intimité assez fort. Comme la caméra est très proche du sujet, le moindre ajustement peut avoir un impact sur la composition, notamment par inclusion ou exclusion de certains éléments de l'arrière-plan. Par exemple, vous pouvez incliner la caméra pour montrer des accessoires significatifs situés à l'arrière-plan. Cela pourra également faire partie du **système de correspondances** de votre film. Lorsque vous combinez, au montage, un plan rapproché avec des **plans d'ensemble**, moyens, et des gros plans, il prend une signification toute particulière dans le déroulement précis de la scène auquel il appartient. Par exemple, lors d'une conversation entre deux personnages, la scène peut être filmée en plans d'ensemble ou en plans moyens jusqu'à ce que quelque chose de significatif soit exprimé ou ressenti par l'un des deux protagonistes. Le plan rapproché va alors amplifier le lien émotionnel qui unit le public et ce personnage.

Le fabuleux destin d'Amélie Poulain de Jean-Pierre Jeunet (2001) raconte l'histoire d'un jeune parisienne (Audrey Tautou) qui décide un beau jour d'aider son prochain en toute discrétion. Des plans rapprochés sont utilisés tout au long du film pour souligner les moments de l'histoire où Amélie choisit de prendre en main le destin de quelqu'un. Il s'agit parfois d'une personne qu'elle ne connaît pas plus que le spectateur. Sur la photo ci-contre, Amélie vient d'apprendre que le garçon pour qui elle éprouve des sentiments est un collectionneur de photomatons, et qu'il travaille actuellement dans un train fantôme à la foire du Trône. Le plan rapproché permet de bien distinguer le sourire nerveux et le langage du corps d'Amélie. L'ensemble révèle une joie intérieure. Cela crée un lien évident avec l'amour qui est né et qui ne cesse de grandir en elle. Le motif de couleur bleue visible sur le bord cadre gauche est récurrent dans le film.

Le plan rapproché, comme le gros plan, nous implique émotionnellement car nous sommes au plus près des sensations et des réactions du personnage. Il est utilisé tout au long du film de Jean-Pierre Jeunet, Le fabuleux destin d'Amélie Poulain *(2001). Cela explique pourquoi le spectateur se sent si proche du personnage joué par Audrey Tautou.*

plan rapproché

sa raison d'être

Le plan rapproché, ou plan cravate, montre le visage, les épaules et une partie de la poitrine. Il contient une assez grande partie de l'arrière-plan, ce qui établit une interconnexion entre le personnage et le décor. Sur cette image, extraite du film *Le parfum : Histoire d'un meurtrier* de Tom Tykwer (2006), on voit Jean-Baptiste Grenouille (Ben Whishaw), un homme à l'odorat exceptionnellement développé, devenu un tueur en série. Après avoir senti un parfum qu'il a créé, un gang qui voulait le tuer le prend désormais pour un ange envoyé par Dieu. La composition du plan traduit cette puissance. L'arrière-plan, légèrement flou, permet tout de même de distinguer de nombreuses personnes victimes de cette puissance. Le personnage est placé au centre du cadre, ce qui le lie à ces personnes. Le plan rapproché permet de bien apprécier le visage de Jean-Baptiste, et l'inclusion des épaules traduit la confiance qui est la sienne après avoir découvert la puissance de ce don.

Ce plan rapproché est en légère plongée, ce qui permet de voir sur l'arrière-plan flou de nombreuses personnes victimes de la puissance du personnage. Avec un gros plan, aucune connexion de ce type n'aurait pu être faite entre le décor et le personnage. De plus, la plongée accentue la confiance et la force qui se dégagent du jeune homme.

La taille du sujet dans le cadre impose une découpe du sommet de la tête. Cette règle doit être appliquée quel que soit l'angle de la prise de vue, sauf si des raisons objectives vous conduisent à cadrer différemment.

Le choix de l'objectif doit tenir compte des déformations que peut provoquer une focale trop courte. Il doit aussi considérer la largeur du champ de vision. Il était nécessaire ici d'inclure le plus possible de victimes pour faire ressortir la puissance du pouvoir du personnage.

La position du sujet ne respecte pas la règle des tiers. Il se situe au centre du cadre, ce qui crée une composition symé-

Bien que l'arrière-plan soit correctement exposé, aucune ombre n'est visible sur le visage du personnage.

Le point narratif de ce plan impose un équilibre entre une faible profondeur de champ

considérations techniques

les objectifs

Des objectifs **normaux** et des **téléobjectifs** sont généralement utilisés pour les plans rapprochés car ils causent peu de déformation des visages. Lorsque vous aurez besoin de produire un tel effet, vous opterez pour un **grand angle**. Ce sera le cas pour faire passer une sensation de vertige, d'alcoolisme, ou de toxicomanie du personnage. Un autre facteur peut justifier le recours à une **longueur de focale** particulière : les parties environnantes de la scène que vous souhaitez intégrer dans le plan. C'est exactement ce que nous pouvons observer sur la photo précédente, extraite du film *Le parfum*. Des longueurs de focale plus courtes, avec leur très large champ de vision, permettent de voir une zone plus étendue autour de l'axe *x*. Ainsi, vous incluez une plus grande proportion d'arrière-plan. Pour préserver la taille du personnage, vous devez modifier la **distance qui sépare la caméra du sujet** tout en changeant la longueur de la focale. Cela n'est pas problématique quand vous filmez en extérieur car vous disposez d'un espace de mouvement très important. En revanche, la manipulation est bien plus complexe en intérieur, où les espaces sont considérablement réduits. Vous devrez également choisir une longueur de focale appropriée pour contrôler la distance qui sépare le personnage de l'arrière-plan sur l'axe *z* du cadre. Optez pour un grand angle lorsque vous désirez augmenter cette distance, et pour un téléobjectif quand vous désirez la réduire. Enfin, la longueur de la focale sera déterminée en fonction du niveau de **profondeur de champ** souhaité. Si la taille du sujet dans le cadre et l'ouverture restent constantes, un changement de longueur de la focale n'affectera pas la profondeur de champ.

le format

Le principal inconvénient des formats vidéo **HD** et **SD** est la petite taille des **capteurs CCD**, qui empêche d'obtenir une profondeur de champ réduite. En plaçant la caméra à proximité du sujet, en utilisant une longueur de focale importante et en ouvrant largement le diaphragme, vous pouvez compenser cette faiblesse. Le résultat sera plus satisfaisant avec une caméra HD car son capteur est plus grand que celui d'une caméra SD, si l'arrière-plan est assez éloigné du sujet. Une autre option consiste à utiliser un **adaptateur 35 mm**. Il permet d'obtenir une profondeur de champ identique à celle obtenue avec une caméra 35. L'inconvénient de ces adaptateurs est qu'ils réduisent la quantité de lumière qui atteint le capteur CCD.

l'éclairage

Lorsque vous filmez en extérieur par une belle journée ensoleillée, utilisez un réflecteur. Placez-le au-dessus des têtes des acteurs pour que la lumière soit plus douce (diffuse). Cela permet d'éliminer les ombres les plus dures qui apparaissent sur les visages quand la lumière est puissante. Bien entendu, il y aura une différence de qualité entre l'éclairage du sujet et celui de l'arrière-plan. Mais cette technique est tellement appliquée que cette différence ne perturbe pas du tout le public. Le matériel de diffusion de la lumière existe sous de nombreuses formes avec des intensités plus ou moins importantes. Cela permet de régler précisément la lumière reflétée par le sujet filmé. En intérieur, vous disposez d'une plus grande latitude sur le contrôle de l'éclairage. Il est alors plus facile de détacher le sujet de l'arrière-plan. Pour cela, placez des lumières qui vont éclairer le sujet par derrière, le rendant ainsi plus lumineux que les autres éléments du cadre.

transgresser les règles

En règle générale, le plan rapproché s'utilise conjointement à d'autres échelles de plan. Cela permet de faire comprendre au spectateur qu'une chose à la signification très particulière est en train de se passer. Ce plan rapproché, extrait du film Et là-bas, quelle heure est-il ? *de Tsai Ming-liang (2001), se suffit à lui-même. Ainsi isolé dans la narration, il permet d'installer un contexte dramatique. D'abord, la proximité de la caméra par rapport au personnage permet de lire les émotions sur son visage. Mais nous restons malgré tout suffisamment éloignés de l'actrice pour savoir exactement ce qui provoque son désarroi. Cette méthode est largement utilisée par le réalisateur Tsai. Il préfère amplifier l'unité d'un temps et d'une action défragmentés, plutôt que de se résoudre à une plus grande clarté narrative.*

La famille Tenenbaum, *Wes Anderson (2001)*.

le plan moyen

Le plan moyen montre un personnage cadré à partir de la taille jusqu'au sommet de la tête. Ce plan inclut de nombreux éléments du décor. Le plan moyen est plus petit qu'un **plan demi-ensemble**, mais plus large qu'un **plan rapproché**, bien qu'il soit parfois difficile de savoir quand un plan rapproché devient un plan d'ensemble et réciproquement. Là encore, le langage corporel du personnage reste parfaitement visible, donc interprétable par le public. Lorsque ce plan contient plusieurs personnages, il permet de mettre en évidence les relations dynamiques qui existent entre eux. Le positionnement de chacun dans le cadre permettra de définir son niveau d'influence dans la scène. Pour cette raison, le plan moyen est souvent utilisé pour les **plans de deux**, les **plans de groupe** et les **plans au-dessus de l'épaule**. Comme une grande partie du décor est visible dans ce plan, la position de l'acteur dans la composition permet de suggérer sa connexion avec cet espace spécifique. Dans la mesure où le plan moyen montre de nombreux détails visuels, il est généralement couplé à un plan séquence. Les plans moyens sont souvent utilisés comme plans de transition entre des plans plus intimes et des plans plus larges. Cela permet d'impliquer progressivement le public dans la scène. Par exemple, on utilisera un plan moyen pour montrer une conversation entre plusieurs personnages jusqu'à ce qu'un moment clé survienne. Alors, à ce plan moyen succéderont un plan rapproché, puis un gros plan. Ce dernier ajoutera une intensité dramatique à cet instant. Une fois ce moment passé, nous retrouverons le plan moyen initial de la conversation. Vous comprenez l'interaction qui existe entre un plan moyen et un plan rapproché, voire un gros plan. Chacun tire sa signification de la présence des autres dans le montage. Bien entendu, il est tout à fait possible de passer directement d'un plan d'ensemble à un gros plan. Mais en refusant d'utiliser un plan moyen comme plan intermédiaire, vous induisez dans l'esprit du spectateur un changement radical de l'orientation dramatique de votre histoire.

Dans les films de Wes Anderson, l'utilisation du plan moyen est quasi systématique. La photo ci-contre est extraite de *La famille Tenenbaum* (2001). Elle montre Margot Tenenbaum (Gwyneth Paltrow) qui fume en cachette de son mari. La surface relativement large couverte par ce plan, couplée à un éclairage précis, une profondeur de champ impeccable, un langage corporel maîtrisé et une position centrale du personnage permet au public d'établir des connexions entre Margot et les divers éléments qui l'entourent (les motifs animaliers du papier peint, le téléphone rose et tout le matériel de cette chambre noire). Cette simple image communique des informations spécifiques sur le personnage.

La prédominance des plans moyens dans le film La famille Tenenbaum *de Wes Anderson (2001) expose de manière sensiblement égale les personnages et les lieux où se déroule l'action. Un maximum d'informations est donné sur leurs personnalités, leurs passe-temps et leurs carrières.*

plan moyen

sa raison d'être

La relative largeur du plan moyen est une échelle idéale pour établir des relations visuelles entre les personnages, mais également entre les personnages et leur environnement. Dans cet exemple, extrait du film *Naked* de Mike Leigh (1993), nous voyons Johnny (David Thewlis), un sans-abri misanthrope qui passe sa vie à se détruire progressivement. Il adore haranguer les étrangers qui passent devant lui. La composition de ce plan moyen montre combien Johnny est prisonnier de lui-même et de sa situation. Son positionnement légèrement supérieur aux passants induit ce qu'il ressent intérieurement par rapport à toutes ces personnes qui vont et viennent dans leurs occupations. Toutefois, le décor environnant ne laisse guère d'échappatoire à Johnny. C'est là un exemple de plan emblématique, puisqu'une seule mage suffit à établir le cœur des idées explorées par le film.

Les piétons sont placés quelques centimètres plus bas que le personnage principal. Cela permet de focaliser l'attention du spectateur sur le visage de Johnny tout en montrant les piétons au premier plan. Nous constatons que le plan moyen, malgré la relative distance qu'il crée avec le sujet principal, permet de lire les émotions sur son visage.

La position du personnage respecte la règle des tiers. L'organisation des éléments visuels de cette composition a été faite pour isoler le personnage dans la zone cadrée. Tout a été mis en œuvre pour qu'aucun élément ne vienne détourner l'attention du public des réactions de Johnny.

La faible profondeur de champ du premier plan de l'image rend les passants légèrement flous. Le personnage principal étant net, l'attention du spectateur se focalise irrémédiablement sur lui. L'utilisation d'un téléobjectif et d'une importante ouverture du diaphragme donne cet effet. Le téléobjectif permet de placer la caméra assez loin du sujet filmé. Il est donc possible de filmer les passants sans attirer leur attention.

Les piétons qui traversent le cadre des deux côtés ajoutent des niveaux de profondeur à la composition. Comme ils entrent et sortent du cadre, un espace hors champ est *de facto* défini. Ce mouvement crée un contraste visuel très net avec l'inertie du personnage principal. L'œil du spectateur ne peut donc que se concentrer sur cet homme.

La faible profondeur de l'axe *z* nous permet de déduire que le plan a été filmé avec un téléobjectif. Cette scène étant filmée en extérieur, il est très facile d'éloigner la caméra du sujet afin d'écraser le champ de vision. Ce type de composition aurait été plus difficile à réaliser en intérieur où les espaces sont beaucoup plus réduits.

considérations techniques

les objectifs

L'échelle d'un plan moyen permet de montrer aussi bien un personnage que le lieu dans lequel il évolue. Le choix de l'objectif doit donc prendre en compte le type de relations spatiales que vous souhaitez établir entre ces deux éléments. Par exemple, vous pouvez définir un plan moyen dans lequel le décor situé derrière le sujet principal semble très éloigné. Pour cela, vous utiliserez un **objectif grand angle**, qui donnera l'impression que les distances sur l'axe z sont bien plus grandes qu'en réalité. Avec un **téléobjectif**, vous obtiendrez l'effet inverse. En contrôlant la **profondeur de champ**, vous définissez les éléments qui doivent être ou non identifiables à proximité du personnage. En d'autres termes, vous contrôlez la plage de netteté. Pour cela, il est nécessaire de pouvoir déterminer la quantité de lumière qui atteint le capteur ou le film. Vous devez donc jouer sur l'ouverture du diaphragme. Le **champ de vision** d'un plan moyen peut être obtenu avec la majorité des objectifs existants. Cependant, la place que vous souhaitez donner au décor vous obligera à utiliser un objectif plutôt qu'un autre. Par exemple, si vous filmez en intérieur, dans un appartement, dans une salle de bain, et que vous désirez utiliser un téléobjectif pour des raisons purement esthétiques, vous manquerez certainement d'espace pour éloigner la caméra du sujet filmé. Vous serez probablement obligé d'utiliser un grand angle.

le format

La petite taille des **capteurs CCD** de la majorité des caméras **SD** et **HD** ne permet pas de contrôler la profondeur de champ nécessaire au réglage de la netteté sur les détails. Or, nous savons que pour réduire la profondeur de champ avec ce type de caméra, vous devez réduire la distance qui sépare la caméra du sujet. Vous ne pouvez donc plus filmer en plan moyen. En vidéo, le plan moyen présentera une netteté impeccable du premier plan à l'arrière-plan. Pour éviter cela, vous devez utiliser un **adaptateur 35 mm**. Il vous permettra de contrôler la profondeur de champ avec votre caméra SD ou HD. Vous serez alors confronté à un autre problème : compenser la perte de lumière provoquée par cet adaptateur.

l'éclairage

Le plan moyen est utilisé, nous l'avons vu, pour montrer une partie du lieu dans lequel se déroule l'action. L'éclairage permet de révéler ou de masquer le personnage ou le décor, ou bien pour montrer parfaitement les deux. Une stratégie largement utilisée consiste à éclairer les plans moyens de manière que le personnage se détache de l'arrière-plan. Pour cela, vous devez définir un éclairage arrière du sujet. Bien entendu, vous devez faire en sorte que le personnage soit l'élément visuel le plus éclairé du cadre. Les objets situés au premier plan et à l'arrière-plan sont généralement plus sombres que le personnage filmé. Le niveau de visibilité de ces objets dépendra de la place que vous souhaitez leur laisser dans le cadre. Comparons le plan moyen de *La famille Tenenbaum* avec celui du film de Chantal Akerman *Jeanne Dielman, 23 Quai du Commerce, 1080 Bruxelles* ci-contre. Nous constatons que Margot Tenenbaum est éclairée de telle sorte qu'elle se détache de l'arrière-plan, tandis que Jeanne Dielman semble s'y fondre. La relation entretenue par chacun de ces personnages avec le décor est totalement différente.

transgresser les règles

Le chef-d'œuvre minimaliste de Chantal Akerman, Jeanne Dielman, 23 Quai du Commerce, 1080 Bruxelles *(1975), étudie trois jours de la vie de Jeanne (Delphine Seyrig), une jeune veuve accomplissant ses tâches ménagères quotidiennes. Chantal Akerman utilise des plans moyen et d'ensemble statiques et répétitifs. Ainsi, la composition semble davantage documenter que dramatiser le quotidien de Jeanne. Dans ce plan moyen, la tête du personnage est coupée par la partie supérieure du cadre alors qu'elle accueille un client. Il s'agit là d'une transgression formelle inhabituelle. Pourtant, ce choix esthétique a de profondes implications narratives dans la relation que Jeanne entretient avec son intérieur tout au long du film.*

Léon, *Luc Besson (1994).*

le plan demi-ensemble

Le plan demi-ensemble contient un ou plusieurs personnages cadrés depuis les genoux. Il est plus large qu'un **plan moyen** et plus petit qu'un **plan d'ensemble**. Ce type de plan est également connu sous le nom de « plan américain ». Ce nom vient du western traditionnel qui cadrait les cow-boys à la limite des revolvers qu'ils étaient prêts à dégainer. Le plan demi-ensemble est généralement utilisé pour les **plans de deux**, les **plans de groupes** et les **plans emblématiques**. En effet, le cadre est suffisamment large pour montrer simultanément plusieurs personnages ou éléments visuels.

Le plan demi-ensemble est idéal lorsque vous désirez montrer à la fois le langage corporel, des expressions du visage et l'environnement dans lequel se déroule l'action. Il est parfait pour établir une relation entre ces trois éléments à des fins narratives ou pour composer un plan de situation. La dimension d'un plan demi-ensemble est parfaitement adaptée à l'établissement d'une relation dynamique entre des personnages, par application de la **règle d'Hitchcock** et par l'utilisation des cadrages **équilibrés/déséquilibrés**. À l'instar des plans d'ensemble et des plans moyens, les plans demi-ensemble sont généralement associés à des échelles de plan plus réduites pour impliquer davantage le public dans l'émotion spécifique d'un personnage à un moment précis d'une scène. Ainsi, au montage, le plan demi-ensemble est souvent entrecoupé de plans rapprochés ou de gros plans. Bien entendu, le plan demi-ensemble peut se suffire à lui-même. Dans ce cas, il sera couplé à un plan séquence car bon nombre d'informations ne seront assimilées convenablement par les spectateurs qu'avec un peu de temps.

Le plan demi-ensemble représenté ci-contre est extrait du film *Léon* de Luc Besson (1994). Il montre un court dialogue entre le personnage principal (Jean Reno), un tueur à gages professionnel, et Mathilda (Natalie Portman), une fillette de 12 ans qu'il a arrachée des griffes d'un gang de policiers corrompus. Dans la scène précédente, Mathilda a prouvé son intention de devenir un tueur en faisant semblant de tirer au fusil depuis la fenêtre de son appartement. Le long plan demi-ensemble qui suit est mis en scène de la manière suivante : Léon est le premier à apparaître dans le cadre alors qu'il marche vers nous. Le public pense alors qu'il a abandonné Mathilda. Comme il s'agit d'un plan séquence, au bout de quelques secondes nous voyons apparaître Mathilda, que Léon a finalement décidé d'emmener avec lui.

Toute la scène joue sur ce plan. Il révèle l'intérêt du plan demi-ensemble, qui permet de montrer à la fois les expressions du visage et le langage corporel. Nous constatons que les deux personnages sont au centre du cadre. La **faible profondeur de champ** exclut les éléments situés à l'arrière-plan. Ainsi, toute l'attention du public se concentre sur l'apparence physique des deux protagonistes, et sur leur court dialogue.

Un long plan demi-ensemble établit les différences de taille et d'apparence physique et vestimentaire de Mathilda (Natalie Portman) et de Léon (Jean Reno) dans cet extrait du film Léon *de Luc Besson (1994).*

plan demi-ensemble

sa raison d'être

Le plan demi-ensemble est idéal pour exposer le langage corporel, certaines expressions du visage et l'environnement. Cela est parfaitement démontré sur ce plan, extrait du film *1984* de Michael Radford, tiré du roman éponyme de George Orwell. La composition du plan est faite pour attirer l'attention sur Winston Smith (John Hurt), après qu'il a été torturé par le ministère de la Vérité et qu'il a subi un lavage de cerveau. À l'arrière-plan, nous voyons une affiche de Big Brother, tandis qu'un écran de télévision diffuse ses aveux. Un plan d'ensemble n'aurait pas permis d'apprécier l'expression du visage de Winston, et un plan moyen aurait exclu l'affiche et l'écran de télé. Or, ces deux éléments visuels sont essentiels pour bien ressentir l'état dans lequel se trouve Winston après cette terrible épreuve. L'espace important laissé au-dessus de sa tête montre qu'il a été anéanti par le pouvoir dictatorial en place. Big Brother est derrière lui, extirpant ses aveux, lui enlevant toute sa dignité d'être humain ; il est réduit à l'état d'un simple pion sans réaction dans une partie d'échec perdue d'avance.

Cette affiche montre le regard pénétrant de Big Brother. Il est placé derrière le personnage, révélant ainsi que les actes des citoyens sont sans cesse épiés.

Cet espace vide au-dessus de la tête du personnage est excessif pour une pareille échelle de plan. Il symbolise la défaite de Winston et sa soumission au regard de Big Brother placé derrière lui.

L'inclusion de l'écran de télévision derrière le personnage est un élément essentiel de la narration. En effet, le personnage avoue des crimes qu'il n'a pas commis. Son absence de réaction devant une telle injustice témoigne de son incapacité à se révolter après avoir subi la torture et un lavage de cerveau.

Cette colonne au premier plan ajoute de la profondeur au cadre. En effet, elle témoigne de l'existence d'un espace hors champ. La profondeur est soulignée par la présence d'une seconde colonne à l'arrière-plan.

Ce dossier de chaise n'est que partiellement visible dans le plan. Pourtant, il fonctionne comme un repoussoir, un objet qui ajoute de la profondeur et qui guide l'œil du spectateur vers le centre de la composition.

La distance de la caméra par rapport au sujet, la longueur de la focale et la profondeur de champ ont été soigneusement choisies pour assurer que tous les éléments visuels nécessaires à la portée symbolique et politique du plan soient présents dans la composition.

considérations techniques

les objectifs

Le plan demi-ensemble montre l'expression corporelle du personnage, des expressions de son visage et l'environnement dans lequel il évolue. Le choix de l'objectif est donc crucial pour définir le **champ de vision** de la composition. L'exemple tiré de *Léon* montre comment un **téléobjectif** peut être précisément utilisé pour exclure l'arrière-plan et concentrer l'attention sur les deux personnages du film. Le plan extrait de *1984* établit un rapport totalement différent avec l'arrière-plan. Ici, une **longueur de focale** beaucoup plus faible est utilisée. Ainsi, davantage d'éléments sont parfaitement identifiables dans la composition. Ce plan permet au spectateur de voir l'environnement dans lequel se situe le personnage. Cela est essentiel pour comprendre la symbolique du contenu et l'état de Winston. L'ensemble établit une interconnexion qui permet de ressentir l'état d'isolement et d'asservissement de ce personnage. La longueur de la focale est aussi choisie en fonction de la **profondeur de champ** recherchée. En effet, cette profondeur peut également être obtenue *via* la distance qui existe entre les éléments visuels de premier plan et d'arrière-plan. Dans ce cas, l'effet est plus facile à obtenir avec un téléobjectif : il resserre les distances sur l'axe z.

le format

Les plans qui manipulent la profondeur de champ afin d'établir un lien visuel entre les personnages et leur environnement peuvent être composés avec différents types d'objectifs. Toutefois, lorsque vous filmez en vidéo **HD** ou **SD**, vous devez utiliser un **adaptateur 35 mm**. Il est difficile, notamment en SD, de créer des compositions à la profondeur de champ très faible. En revanche, dès que la profondeur de champ doit être importante, les caméras SD s'en tirent à merveille. Cela tient à la petite taille de leur objectif.

l'éclairage

Le plan demi-ensemble impose un éclairage capable d'englober tous les éléments visuels utiles à la narration et qui doivent donc être bien visibles dans la composition. Dans l'exemple de *1984*, une seule source d'éclairage très puissante suffit à mettre en valeur toute la composition, du premier à l'arrière-plan. Une telle échelle de plan peut éviter l'emploi de réflecteurs ou de parapluies au-dessus du sujet lorsque vous tournez en extérieur par un beau soleil. Lorsque vous tournez de nuit, vous devez mettre en place des éclairages puissants. Vous pouvez les alimenter avec un générateur, ou bien trouver un lieu à proximité du plateau où vous pourrez tirer de l'électricité. Ce problème est encore plus délicat en vidéo **HD** et **SD** car les **capteurs CCD** sont beaucoup moins sensibles à la lumière que les films rapides.

transgresser les règles

Les plans demi-ensemble sont généralement utilisés pour montrer un personnage dans son environnement. Toutefois, dans cet exemple extrait du film Memories of Murder *de Bong Joon-ho (2003), qui raconte l'histoire vraie d'un tueur en série, nous voyons une femme apeurée qui tente d'échapper au meurtrier. Elle est entièrement floue, choix qui permet de détourner l'attention du spectateur de l'environnement désertique où se déroule l'action. Cette technique inhabituelle s'avère ici très efficace. La netteté est faite sur le premier plan qui met en évidence un bois paisible. Il contraste avec la violence de la scène à l'arrière-plan. Bien que le personnage soit flou, il est placé dans le cadre selon la règle des tiers. Ainsi, la composition crée un rapport dynamique en définissant des espaces vides appropriés à un plan demi-ensemble.*

Sid and Nancy, *Alex Cox (1986)*.

le plan d'ensemble

Le plan d'ensemble montre un personnage dans son intégralité et laisse une large place au décor. Ce plan se concentre sur les corps et sur ce qu'ils nous révèlent. Comme le **plan général**, le **plan d'ensemble** est très souvent utilisé comme **plan de situation**. En le plaçant en début de scène, vous permettez au spectateur d'identifier le lieu de l'action. Parfois, le plan d'ensemble apparaît à la fin d'une scène dans une composition qui traduit une tonalité émotionnelle différente de celle définie en début de séquence. Cela souligne une évolution dans les sentiments et les sensations qui animent un personnage. À l'instar des **plans moyens**, la composition d'un plan d'ensemble peut être faite pour mettre en évidence soit un personnage en minimisant l'impact de son environnement, soit cet environnement, soit le lien entre ces deux éléments de la composition. L'important **champ de vision** d'un plan d'ensemble est idéal pour la création de **plans de groupes**. L'espace disponible dans le cadre est suffisant pour induire les rapports dynamiques qui se créent entre les personnages. Dans la mesure où un plan d'ensemble peut contenir de nombreux détails visuels, il est souvent utilisé sous la forme d'un **plan séquence**. En d'autres termes, il reste assez longtemps à l'écran. Ainsi, le spectateur peut assimiler toutes les informations que communique ce type de plan. Au montage, le plan d'ensemble est souvent couplé avec des **plans rapprochés** et des **gros plans**. Cela augmente progressivement le niveau d'émotion partagé avec le public. Ainsi, vous pouvez traiter une scène avec des plans d'ensemble et des plans moyens jusqu'à ce que survienne un événement fondamental. Pour le souligner, vous composerez un plan rapproché ou un gros plan. Alternativement, vous emploierez un plan d'ensemble pour masquer au spectateur toute expression faciale des personnages. Ainsi, vous limiterez l'impact émotionnel de la scène. Cela permet de ne pas trop en dévoiler au public à un instant bien précis de votre histoire.

Dans le film d'Alex Cox intitulé *Sid and Nancy* (1986), qui raconte l'histoire vraie de Sid Vicious, bassiste des Sex Pistol (Gary Oldman) et de Nancy Spungen (Chloe Webb), une groupie américaine, l'utilisation du plan d'ensemble permet de souligner les actes de toxicomanie, d'alcoolisme, de violence et d'obscénité autour desquels est bâti le monde des deux protagonistes de cette histoire. Sur la photo ci-contre, le plan d'ensemble témoigne de la nature complexe de cette relation humaine, où l'existence purement punk côtoie des instants de romance absolus. La composition place les deux amants dans un espace vide entre des immeubles. Elle établit un contraste flagrant entre leur intimité et la désolation du lieu où elle s'épanouit. Cette image a été utilisée pour la promotion du film.

Cet étonnant plan d'ensemble, extrait du film Sid and Nancy *d'Alex Cox (1986), montre la relation peu orthodoxe qui s'était nouée entre Sid Vicious et Nancy Spungen.*

plan d'ensemble

sa raison d'être

Le plan d'ensemble s'utilise également pour suggérer des liens dynamiques narratifs et thématiques entre des personnages en fonction de leur position dans le cadre et de leur taille respective. La vaste zone couverte par ce plan sert de fondement à la composition de l'ensemble. Il y a ici application de la règle d'Hitchcock, du cadrage équilibré/déséquilibré, et du resserrement des distances sur l'axe z. Tout cela aide à établir des relations entre les éléments du plan.

Dans ce plan d'ensemble, extrait du film *Matrix* de Lana et Andy Wachowski (2003), nous sentons venir l'inévitable affrontement entre Neo (Keanu Reeves), un homme destiné à libérer l'humanité d'un projet mis en place par des machines, et l'Agent Smith (Hugo Weaving). La position des deux personnages montre que la lutte va avoir lieu et qu'à ce moment précis de l'histoire leurs chances de victoire sont égales. La composition intensifie l'impact dramatique de la scène et amplifie le niveau de tension qui est installé.

La lumière est placée de telle façon que les deux personnages sont éclairés par l'arrière, ce qui les détache du décor. Cela permet de guider l'œil du public vers la zone du cadre la plus importante.

L'espace vide situé au-dessus des têtes est correct pour cette échelle de plan. La quantité d'espace vide est utilisée pour augmenter ou réduire un point de narration spécifique au personnage, et qui prend place à un moment précis de l'histoire.

Les personnages ne sont pas placés dans le cadre selon la règle des tiers. Ils sont bord cadre. Cela augmente l'espace qui les sépare. Le fait de réduire l'espace situé derrière eux induit l'inexistence d'un espace hors champ. Les personnages ne peuvent que s'affronter.

La composition de ce plan compte uniquement deux niveaux de profondeur : le premier plan où se situent les personnages, et l'arrière-plan. L'absence d'un troisième niveau réduit considérablement la profondeur sur l'axe *z*. Visuellement, les deux protagonistes semblent contraints à un déplacement sur l'axe *x*. L'affrontement est donc inévitable. L'utilisation d'un cadre fermé accentue l'impossibilité de fuir car il ne semble exister aucun espace hors champ.

L'arrière-plan est plus sombre d'environ deux diaphs par rapport au premier plan. Ainsi, le public se focalise sur les deux personnages. C'est une stratégie d'exposition relativement commune, et ce, que le plan soit tourné en intérieur ou en extérieur, de jour comme de nuit.

Le cadre montre les deux personnages occupant le même espace. Cela suggère une lutte équitable. C'est une pure application de la règle d'Hitchcock. Ces positions équilibrent la composition. L'égalité des forces en présence augmente la tension et le suspense de la scène.

considérations techniques

les objectifs

Comme tous les plans qui déterminent un **champ de vision** très large, le plan d'ensemble est fait pour établir une relation entre un personnage et son environnement. Il ajoute une dimension émotionnelle ou dramatique qui peut être explicitement définie par la narration, mais exprimer également un sentiment implicite de solitude. Dans ce domaine, la **longueur de la focale** aura un impact essentiel. Un **grand angle** peut déformer la perspective et faire apparaître le décor bien plus grand qu'il ne l'est avec des distances incroyables. Dans ce cas, le personnage semble totalement déconnecté de son environnement. Inversement, un **téléobjectif** peut mettre en évidence l'arrière-plan et resserrer les distances. Le personnage semble alors très proche de l'environnement où il évolue. Cela génère une forte connexion visuelle entre les deux. N'oubliez pas que si le plan d'ensemble est tourné en intérieur, vous risquez de manquer de place pour utiliser un téléobjectif. En effet, ce dernier doit être placé assez loin du sujet filmé pour l'inclure en totalité. Quel que soit l'objectif que vous choisissez, retenez que les connexions établies par le public entre le personnage et son environnement sont largement influencées par la position du sujet dans la composition. Ce positionnement et la longueur de la focale doivent être complémentaires.

le format

La caméra doit se situer assez loin du sujet pour qu'il soit entièrement visible dans le cadre. Cela augmente les problèmes de profondeur de champ, surtout lorsque vous filmez avec des caméras **HD** et **SD** dont les objectifs sont de petite taille. Même avec une ouverture de diaphragme très grande, vous ne parviendrez pas à obtenir un arrière-plan flou. Une option consiste à équiper votre objectif avec un **adaptateur 35 mm**. Malheureusement, il réduit considérablement la luminosité de l'exposition. Vous devrez donc augmenter l'éclairage de la scène filmée. Les caméras argentiques permettent un meilleur contrôle de la profondeur de champ. Toutefois, la longueur des objectifs diffère d'un format à l'autre. De ce fait, il est plus facile de contrôler la profondeur de champ en 35 mm qu'en **16 mm**.

l'éclairage

Nous savons que le contrôle de la **profondeur de champ** permet d'établir des relations entre le personnage et le décor. Vous pouvez donc plus ou moins réduire la visibilité des détails de l'arrière-plan. Pour cela, il faut jouer sur l'ouverture. Une stratégie consiste à réduire autant que possible la distance entre la caméra et le sujet, tout en prenant soin d'inclure la totalité du personnage. Vous obtiendrez cet effet avec un téléobjectif et une grande ouverture.

Si vous filmez en extérieur sous le soleil, utilisez un **filtre gris** pour réduire la lumière lorsque vous devez largement ouvrir le diaphragme. En intérieur, avec de nombreux éclairages, vous pouvez facilement obtenir une grande profondeur de champ. Il suffit de bien éclairer et de fermer le diaphragme. Dans le plan extrait du film *Sid and Nancy*, la profondeur de champ est faible. Les deux personnages sont proches de la caméra, bien qu'ils soient filmés en plan d'ensemble.

En revanche, sur la photo ci-contre, tirée du film de Peter Haneke *Caché* (2005), les personnages sont loin de la caméra. L'éclairage est primordial pour mettre en évidence le sujet filmé, afin de focaliser l'attention du public sur cet élément majeur de la composition. Le principe consiste à éclairer le sujet pour qu'il soit plus lumineux que le décor. Toutefois, vous obtiendrez le même effet en créant une silhouette. Cette fois, l'arrière-plan sera plus clair que le personnage, comme dans le plan de *Sid and Nancy*.

transgresser les règles

La distance nécessaire pour montrer tous les acteurs de cette scène ne permet pas de bien apprécier les nuances de comportement et les émotions. Cette situation, bien exploitée, peut ajouter de la tension et du suspense. Le film de Michael Haneke intitulé Caché *(2005) raconte l'histoire d'une personnalité de la télévision, Georges (Daniel Auteuil), espionné et harcelé par un homme qui semble lui reprocher un comportement qu'il aurait eu durant son enfance. Dans ce plan d'ensemble qui termine le film, nous voyons Pierrot, le fils de Georges, parler avec le fils de l'homme qui l'épiait. La mise en scène très confuse ne permet pas de voir immédiatement les deux jeunes garçons. Ainsi, le public ne peut pas résoudre l'énigme de cette histoire, ni conclure d'une manière absolue. Ce principe est appliqué tout au long du film.*

L'année dernière à Marienbad, *Alain Resnais (1961).*

le plan général

Le plan général permet de créer des compositions qui mettent en valeur les dimensions d'un lieu. Lorsque des personnages sont présents dans le cadre, ils occupent une très petite zone. L'environnement dans lequel ils évoluent prédomine. Parfois, un plan général ne comprend aucun individu, il est conçu pour exposer un lieu. On parle alors de **plan de situation**. Le plus souvent, ce type de plan introduit une scène : il permet au public d'identifier le lieu où se déroule l'action. Le plan général est également idéal pour montrer l'immensité d'un lieu ou bien des personnages dans un environnement donné. On l'utilise aussi après un **gros plan** pour montrer les éléments qui ont provoqué des réactions et des émotions visibles sur le visage d'un personnage. Le plan général permet de mettre en évidence les relations spatiales et les interactions dans un groupe de personnes. Ce sera le cas pour les scènes de bataille. À la différence des échelles de plan allant du **plan moyen** au **très gros plan**, le plan général est fait pour établir des relations visuelles entre plusieurs personnages, mais aussi entre les personnages et leur environnement. La disposition des éléments visuels dans le cadre s'appuie sur des principes tels que la **règle des tiers**, les compositions **équilibrées/déséquilibrées** et la **règle d'Hitchcock**. Bien entendu, le champ de vision très large de ce plan dégage un espace suffisant pour faire tenir plusieurs éléments visuels dans le cadre. Il est donc idéal pour composer des **plans emblématiques**. Généralement, la **profondeur de champ** de ce plan est très grande. Il est donc important que la caméra soit éloignée du sujet filmé. Comme un plan général contient de nombreuses informations, il doit rester suffisamment longtemps à l'écran pour que le public ait le temps de toutes les enregistrer. Lorsque des personnages sont présents dans le cadre, la composition d'un plan général permet au public de comparer les différences de proportion qui existent entre ces individus et le lieu de l'action. Il est donc important de les positionner dans la composition de manière à ce qu'ils soient facilement identifiables.

Dans l'énigmatique film d'Alain Resnais intitulé *L'année dernière à Marienbad* (1961), un célèbre plan général exploite les principes de la composition cinématographique pour créer une image mémorable, que vous pouvez voir ci-contre. Le plan, l'un des plus fascinants de ce puzzle visuel, est composé symétriquement. Cela met en évidence les motifs géométriques d'un immense jardin. L'ordre de ce paysage est troublé par quelques individus immobiles (à l'instar des statues qui bordent les pelouses). Ces personnages projettent des ombres sous un angle qui brise l'ordre établi par les autres éléments visuels du cadre. Cela ajoute une touche surréaliste à la tonalité onirique du film. Seul un plan général pouvait montrer simultanément tous les éléments visuels (jardin, personnes et ciel) nécessaires à la traduction du point de vue narratif de ce plan.

Ce plan général du film L'année dernière à Marienbad *d'Alain Resnais (1961) est une énigme pour le public. Le cadrage symétrique du jardin, symbolisant probablement l'inexorabilité du destin, est perturbé par des visiteurs immobiles dont l'ombre est projetée malgré un ciel couvert.*

plan général

sa raison d'être

Le plan général est idéal pour exposer un vaste champ de vision qui met en évidence les proportions d'un lieu. Si des personnages sont présents dans le cadre, ils en occupent une très petite partie. Leurs différences de taille ne pourront pas échapper au public. Le plan général peut également être utilisé comme plan de situation. Dans ce cas, il sera monté au début d'une scène, afin de présenter le lieu d'une action au spectateur. L'image ci-dessus est extraite du film *Je suis une légende* de Francis Lawrence (2007). Nous y voyons Robert Neville (Will Smith), qui est le seul survivant sur Terre suite à une maladie qui a anéanti l'espèce humaine. Ce plan général est d'une grande intensité dramatique. Il montre la cinquième avenue à Manhattan totalement déserte. Il s'agit là d'un des nombreux plans généraux qui permettent de montrer au spectateur l'ampleur de l'épidémie et la solitude du Dr Neville.

Pour cette composition, le réalisateur a utilisé un objectif grand angle. Cela ajoute quelques déformations à l'image, notamment sur les verticales des immeubles qui sont situés bord cadre. Les lignes architecturales qui fuient vers l'horizon ont aussi été affectées. Le grand angle permet également d'amplifier les distances sur l'axe *z*. Cela souligne l'absence de circulation et de piétons dans cette avenue.

La ligne d'horizon est cadrée de telle sorte qu'elle se situe dans le tiers inférieur du cadre. Il s'agit d'une disposition conventionnelle qui respecte la règle des tiers. Cette zone est également le point focal principal du cadre. Vous remarquez que les lignes architecturales des bâtiments attirent naturellement le regard : cela accentue l'impression de vide qui règne sur cette avenue généralement surpeuplée.

Bien que le personnage soit décentré, il se dirige vers un des points de jonction de la cellule centrale du quadrillage virtuel qui détermine la règle des tiers. Il se situe juste en dessous du point de jonction inférieur gauche.

La présence de ce lampadaire au premier plan accentue la profondeur sur l'axe *z*. Il induit l'existence d'un espace hors champ, c'est-à-dire d'un espace situé au-delà des bords du cadre.

Bien qu'il occupe une minuscule zone du cadre, le personnage se détache du décor car il porte des vêtements sombres et il monte un escalier. C'est aussi le seul élément de cette composition qui traverse le cadre. Nous le remarquons malgré l'importante quantité de détails que contient cette composition.

Malgré ce plan d'ensemble, le personnage est parfaitement visible dans la composition. Cette visibilité est accentuée par la luminosité de l'escalier. Si l'éclairage avait été plus faible, ou si le personnage avait marché à l'ombre, le spectateur ne l'aurait pas facilement remarqué.

considérations techniques

les objectifs

Le plan général nécessite l'utilisation d'un objectif **grand angle** car il permet d'obtenir un **champ de vision** très large tout en exagérant la profondeur sur l'axe *z*. Il est également possible d'utiliser un **téléobjectif** pour certaines compositions qui nécessitent un resserrement des distances sur cet axe. Toutefois, ce type d'objectif restreint le champ de vision. Cela élimine des éléments sur l'axe *x* qui sont généralement associés au plan général. Ce type de plan est généralement tourné en extérieur. De ce fait, l'éclairage est souvent intense. Il sera donc nécessaire de fermer considérablement le diaphragme. Lorsque vous tournez des extérieurs nuit, vous devez investir dans des éclairages très puissants. Le plan général oblige à placer la caméra très loin du sujet filmé. Cela produit une importante **profondeur de champ**. (Il existe des objectifs à décentrement et bascule qui permettent des mises au point sélectives, afin de donner l'illusion d'une faible profondeur de champ.) Les petits objectifs qui équipent les caméras **SD** et **HD** d'entrée et de moyenne gamme permettent de réaliser facilement ce type de plan. En effet, leur longueur de focale très courte génère une profondeur de champ très importante.

le format

En fonction de la quantité d'informations visuelles contenues dans le cadre, les formats qui présentent des résolutions supérieures (comme la pellicule et les caméras HD haut de gamme) faciliteront la mise en place du plan général. Les résolutions plus faibles (celles des caméras vidéo SD et des caméras HD d'entrée de gamme) seront insuffisantes pour afficher précisément les détails d'un tel plan. Cela tient non seulement à la faible résolution, mais aussi aux algorithmes de compression des formats utilisés pour enregistrer les images. Très souvent, les réalisateurs mélangent les formats du fait des exigences d'un plan particulier ; Fernando Meirelles et Katia Lund utilisent le **Super 16** pour les gros plans des acteurs, et le Super 35 pour les plans généraux dans leur film *La cité de Dieu* (2002).

l'éclairage

À moins que votre production n'en ait les moyens, vous ne tournerez quasiment jamais un plan général en extérieur nuit. Dans de rares circonstances, vous pourrez tout de même utiliser l'éclairage ambiant, comme les lumières très puissantes d'un parking aérien. Il existe bien entendu des techniques pour donner l'impression que la scène se déroule de nuit, alors que vous l'avez tourné en plein jour. On appelle cela une « nuit américaine ». Toutefois, dans ce genre de simulation, vous restreignez considérablement votre cadrage. En effet, pour que l'illusion soit parfaite, vous devez impérativement éviter de filmer le ciel car il est beaucoup trop clair. La plupart des plans généraux sont donc filmés en extérieur à la lumière du jour. Dans ce cas, vous devez anticiper les conditions de cet éclairage naturel. Surveillez les prévisions météorologiques et utilisez un logiciel permettant de déterminer la longueur et la position des ombres à n'importe quel moment de l'année. Ainsi, vous saurez exactement de quel type d'éclairage vous disposez pour éclairer la scène de manière à lui donner toute sa signification dans votre histoire. C'est exactement ce que l'on retrouve dans le film *Épouses et concubines* de Zhang Yimou (1991). Le réalisateur a suivi précisément la position du soleil et la météo pour filmer à des moments magiques de la journée. Il a ainsi pu profiter d'une qualité d'éclairage unique qui perdure tout au long du film. Cet esthétisme ajoute de la beauté et de l'émotion à chaque scène.

transgresser les règles

Dans ce plan général, extrait du film Seopyeonje d'Im Kwon-taek (1993), Dong-Ho (Kim Kyu-chul) regarde une dernière fois sa sœur Song-hwa (Oh Jung-hae), avant de partir à la recherche de l'homme cruel qui les a élevés à la mort de leurs parents. Plutôt que d'insister sur ce moment dramatique de l'histoire en alternant des gros plans du frère et de la sœur, le réalisateur utilise des plans généraux qui montrent d'immenses espaces symbolisant leur séparation. Vous remarquez que la plupart des principes appliqués au plan général sont respectés par le réalisateur. Toutefois, la ligne d'horizon est positionnée en haut du cadre, ce qui va à l'encontre des principes dictés par la règle des tiers. Bien que la composition manque d'harmonie et d'équilibre, le réalisateur exploite intelligemment ces faiblesses relatives pour augmenter la violence de la séparation du frère et de la sœur et la douleur qui l'accompagne.

Le lauréat, *Mike Nichols (1967).*

le plan au-dessus de l'épaule

Ce type de plan est souvent utilisé quand une scène montre un échange entre plusieurs personnages, ou bien lorsqu'un personnage regarde quelque chose. Le nom de ce plan se réfère à la position de la caméra. Elle est placée derrière l'épaule d'un des protagonistes de la scène, occultant ainsi une partie du cadrage. En général, seul le visage de l'interlocuteur est net. Le fait de montrer le dos d'un des personnages ajoute de la profondeur au plan. Ce type de composition s'obtient avec un **plan moyen**, un **plan rapproché** ou un **gros plan**. Dans le cas d'un dialogue, la composition est conçue de telle sorte que le personnage fait face au point focal de la caméra. À l'instar du gros plan, le plan au-dessus de l'épaule présente une **faible profondeur de champ**. En effet, la distance entre la caméra et le sujet net est très courte. Souvent, le plan au-dessus de l'épaule est monté en champ/contrechamp, c'est-à-dire par application de la **règle des 180 degrés**.

L'organisation des éléments visuels s'établit en fonction de la signification du plan dans la narration. L'espace occupé par le dos du personnage peut dévoiler une certaine puissance et une influence sur le personnage présenté de face. Nous pouvons apprécier ce rapport de force sur l'image ci-contre, extraite du film de Mike Nichols, *Le lauréat* (1967). Ici, nous voyons les épaules de Mrs Robinson. Elles occupent tellement de place dans le cadre que nous comprenons l'impact de la scène pour le jeune Ben, que la femme tente de séduire. C'est l'illustration parfaite de la **règle d'Hitchcock**. Le plan montre la dominance de Mrs Robinson et la vulnérabilité de Ben. Le plan au-dessus de l'épaule peut également permettre de manipuler le niveau d'identification du spectateur à un personnage. Il suffit pour cela de bien contrôler l'angle de la prise de vue. Plus l'angle épouse le point de vue du personnage situé au premier plan, plus la connexion émotionnelle et l'identification du public à ce personnage est intense. Dans notre exemple tiré du film *Le lauréat*, la caméra est placée de telle sorte qu'au moment où Ben découvre la nudité de Mrs Robinson, il regarde quasiment en direction de la caméra. Ce principe augmente la relation intime qui se noue entre Ben et le public. Nous ressentons intimement sa gêne. Comme tous les plans, le plan au-dessus de l'épaule a une vocation narrative et psychologique essentielle. Ces vocations sont d'autant plus affirmées si vous les appliquez avec soin et plusieurs fois dans votre film.

Ce plan au-dessus de l'épaule, extrait du film Le lauréat *de Mike Nichols (1967), nous permet de ressentir intérieurement le désarroi de Benjamin (Dustin Hoffman) face à l'entreprise de séduction de Mrs Robinson (Anne Bancroft), la femme de l'associé de son père.*

plan au-dessus de l'épaule

sa raison d'être

Le plan au-dessus de l'épaule permet de montrer le rapport dynamique qui existe entre plusieurs personnages. Le plan défini ici représente la rencontre de Red (Morgan Freeman) et d'Andy (Tim Robbins) dans le film de Frank Darabon, *Les évadés* (1994), rencontre qui détermine leur amitié. Le contrechamp de ce plan respecte la règle des 180 degrés, la longueur de la focale, et la profondeur de champ. Vous remarquez que la caméra est placée selon un angle qui attire l'attention sur le regard de Red. Ainsi, le spectateur est impliqué dans cette rencontre entre les deux hommes. Cette connexion est renforcée par le fait que la profondeur de champ, relativement faible, détache les deux protagonistes de l'activité qui se déroule à l'arrière-plan.

La position de ce personnage respecte la règle des tiers. Les espaces qui le séparent des bords du cadre sont tout à fait conformes à cette échelle de plan. L'inclusion des épaules de son interlocuteur crée un cadre dans le cadre, ce qui place le regard de Red au niveau de celui du spectateur. Le public identifie Andy en même temps que Red.

Ce personnage est placé à un point de jonction de la cellule centrale du quadrillage imposé par la règle des tiers. Sa tête est coupée, puisqu'il est plus grand que le cadre spécialement étudié pour Red.

Le plan au-dessus de l'épaule n'inclut qu'une petite partie du sujet situé au premier plan. Ce personnage est presque entièrement visible dans le cadre, ce qui en fait un élément déterminant de la composition. Sa position et son échelle montrent une proximité physique et psychologique avec le sujet principal du plan.

La faible profondeur de champ rend l'arrière-plan relativement flou. Le public focalise alors son attention sur le visage du personnage principal. Pourtant, la faible distance qui sépare la caméra du sujet filmé ne permet pas d'obtenir cette profondeur de champ un jour ensoleillé. Il faut donc utiliser un filtre gris, de manière à ouvrir plus largement sans surexposer l'image.

Filmer à la lumière ambiante n'excuse pas l'absence de profondeur d'un plan. Ici, la lumière du soleil provient de derrière le personnage principal. Le contrechamp de ce plan respecte la continuité de l'éclairage. Cela est pourtant impossible à obtenir, sauf si les deux plans ont été tournés à des moments totalement différents de la journée. Peu de personnes remarqueront ce type de manipulation de l'éclairage, du moment que le plan reste visuellement très plaisant et qu'il respecte l'intensité dramatique de la scène.

Le plan au-dessus de l'épaule compte généralement trois niveaux de profondeur : le premier plan, le plan intermédiaire et l'arrière-plan. La présence de ce personnage au premier plan ajoute de la profondeur au cadrage en se superposant à d'autres éléments clés sur l'axe *z*.

considérations techniques

les objectifs

Un plan au-dessus de l'épaule peut être réalisé avec un **grand angle**, un **objectif normal**, ou un **téléobjectif**. Tout dépend de la dimension du cadre, de la distance qui sépare la caméra du sujet filmé et du niveau de rapprochement que vous souhaitez créer entre le sujet principal et les sujets placés au premier plan. En règle générale, ce plan est filmé avec un objectif normal. La caméra est placée sur la droite, derrière un des sujets. De ce fait, vous obtenez une **profondeur de champ** réduite au premier plan et à l'arrière-plan. Le sujet principal situé sur le plan intermédiaire reste, quant à lui, parfaitement net. Bien entendu, il est possible de modifier la longueur de la focale pour amplifier les distances sur l'axe *z* (en utilisant un grand angle), ou bien pour donner l'impression que l'ensemble des éléments disposés sur cet axe sont bien plus proches de nous (en utilisant un téléobjectif). Dans certaines circonstances, vous souhaiterez que les éléments situés au premier plan et à l'arrière-plan soient nets. Dans ce cas, utilisez un objectif à **deux dioptries** qui permettent d'appliquer le même niveau de netteté à deux niveaux de profondeur du plan. Vous pouvez obtenir un effet identique avec un **objectif à décentrement et bascule**. Il préserve la netteté sur une diagonale proche de l'axe *z*, plutôt que sur un plan qui traverse l'axe *x*. Ce type d'objectif impose une mise en scène très précise et restreint sévèrement tout mouvement à l'intérieur du cadre.

le format

À cause de la petite taille de leurs **capteurs CCD**, les caméras vidéo d'entrée et de moyenne gamme ne permettent pas d'obtenir aisément une faible profondeur de champ. Pour cette raison, les caméras **SD** et **HD** doivent être placées le plus près possible du sujet principal, afin d'obtenir la profondeur de champ la plus réduite possible. Ouvrir largement le diaphragme pour obtenir cette profondeur sera une opération plus simple à réaliser sur les prises de vues en intérieur. En revanche, quand vous filmez en extérieur un jour où le soleil est radieux, vous devez utiliser un **filtre gris neutre** ou bien activer cette fonctionnalité sur votre caméra vidéo SD ou HD. Une autre option consiste à équiper votre caméra vidéo d'un **adaptateur 35 mm**. Il va permettre d'obtenir une profondeur de champ identique à celle d'une caméra 35 mm ou d'un reflex numérique. Enfin, si vous tournez avec du film, il est préférable d'opter pour des pellicules lentes lorsque vous filmez en extérieur. En effet, elles sont beaucoup moins sensibles à la lumière, ce qui vous permet d'utiliser des ouvertures plus grandes. Si vous appliquez un filtre neutre, vous pouvez encore plus facilement obtenir une profondeur de champ réduite.

l'éclairage

Modifier la longueur de la focale de votre objectif pour manipuler la profondeur de champ aura un impact sur la composition de votre plan. La méthode la plus efficace pour contrôler la profondeur de champ consiste donc à jouer sur l'ouverture du diaphragme. Votre composition n'en subira aucune conséquence. Dans ce cas, il faut que vous puissiez contrôler la quantité de lumière qui atteint le capteur CCD, ou la pellicule si vous filmez en argentique. Lorsque vous filmez en intérieur avec un dispositif d'éclairage mobile, la profondeur de champ nécessaire à un **plan au-dessus de l'épaule** est très facile à obtenir. En effet, dans pareille circonstance, vous pouvez ouvrir largement le diaphragme. En extérieur, vous êtes contraint à fermer davantage le diaphragme à cause de l'intensité de la lumière du soleil. Ici, l'application d'un filtre gris neutre semble indispensable.

transgresser les règles

L'esthétisme visuel du film Gomorra *de Matteo Garrone (2008) repose sur l'utilisation récurrente de plans au-dessus de l'épaule sans contrechamp systématique, et avec une netteté du premier plan. Le personnage faisant face à la caméra est flou. Cette déconstruction ajoute de l'instabilité aux scènes qui montrent des trafics se déroulant dans des parkings souterrains. Dans le plan ci-dessus, Pasquale (à gauche, incarné par Salvatore Cantalupo), qui travaille dans la haute couture, passe un accord avec un employé de train chinois afin de sortir de l'emprise de la mafia napolitaine (la Camorra), mettant ainsi sa vie en grand danger.*

Shining, *Stanley Kubrick (1980).*

le plan de situation

En règle générale, le plan de situation est tourné en extérieur. Il s'agit d'un **plan d'ensemble** ou d'un **plan général**. Son objectif est de montrer le lieu de l'action. Ce plan introduit communément une séquence. Toutefois, il peut tout à fait être placé à la fin d'une scène pour révéler au spectateur un contexte narratif totalement inattendu. Le plan de situation correspond à une convention cinématographique qui s'est imposée très tôt dans l'histoire du cinéma. Ainsi, dans l'esprit du spectateur, tout plan qui succède à un plan de situation se déroule dans le lieu exposé par ce dernier. Ainsi, un plan de situation va permettre de montrer un personnage qui arrive à une destination précise. Par conséquent, la composition d'un plan de situation ne doit pas communiquer une tonalité narrative particulière, ou établir une relation avec le personnage, voire une thématique développée par le réalisateur. Partant de ce principe, vous comprenez que le plan de situation n'est pas obligatoire. Tout dépend du contenu narratif de l'histoire. Certaines actions étroitement liées à des personnages n'ont pas besoin de montrer d'une manière ou d'une autre le lieu dans lequel elles se déroulent. Dans ce cas, il peut arriver qu'un plan de situation interrompe brutalement le flux narratif. Lorsqu'un plan de situation est tourné en extérieur un jour ensoleillé, vous ne devez surtout pas négliger l'éclairage et la composition. Ces deux éléments participent à l'atmosphère du plan. Il est tout à fait possible de contrôler l'éclairage en extérieur. Il suffit pour cela de filmer à la bonne heure. En revanche, le contrôle de la composition est plus complexe, à cause de l'échelle de plan. Dans ce cas, prenez le temps de bien regarder le paysage que vous devez filmer, afin de déterminer le point de vue le plus cohérent pour votre récit. Une stratégie très répandue consiste à développer une relation visuelle entre le lieu principal et l'ensemble des éléments qui l'entourent. En fonction de la disposition de ces éléments, un lieu sera plus ou moins imposant, plus ou moins dominant. Tout repose sur les besoins de votre histoire.

Cette technique est merveilleusement bien appliquée dans une série de plans de situation de l'hôtel Overlook, dans le film *Shining* de Stanley Kubrick (1980). Au fur et à mesure de la progression de l'histoire, les plans de situation se transforment lentement. L'hôtel dans lequel se déroule l'action passe progressivement d'une sorte de carte postale idyllique pour touristes en un lieu totalement déserté et inquiétant. Cette transformation se fait au rythme de la dégradation de l'état mental de Jack (Jack Nicholson), qui veut tuer sa femme et son fils. Quel que soit le lieu que vous souhaitez installer dans votre histoire, vous pouvez contrôler la composition de votre plan de bien des manières afin de communiquer une impression particulière. L'important, pour le réalisateur, est de filmer le lieu sous un éclairage approprié. Pour cela, vous devez soigneusement planifier vos prises de vues de manière à ce qu'elles se déroulent à un moment bien précis de la journée. C'est à cette seule condition que vous bénéficierez de la lumière adaptée à l'atmosphère que doit véhiculer ce plan de situation.

Stanley Kubrick utilise une série de plans de situation de l'hôtel Overlook tout au long de son film Shining *(1980). La composition de ces plans varie en fonction de la progression de l'état mental de Jack Torrance (Jack Nicholson), qui a décidé de massacrer sa famille.*

plan de situation

sa raison d'être

Le film d'Alfonso Cuaron, *Les fils de l'homme* (2006), montre le monde en 2027 après qu'un virus a rendu l'humanité stérile. Dans ce plan de situation, Theo (Clive Owen) arrive au bâtiment « Ark of the Arts », dont son cousin Nigel (Danny Huston) est le conservateur. Dans ce futur sans avenir, ce bâtiment représente un des rares lieux où la loi et l'ordre semblent préservés. La composition de ce plan est conçue pour faire comprendre l'importance du lieu (en plaçant le bâtiment au centre du cadre). Elle met également en évidence les mesures de sécurité prises pour en préserver l'intégrité (avec des éléments aussi essentiels que le feu tricolore et les gardes armés). Enfin, l'environnement ainsi montré par cette composition établit le caractère inhospitalier du bâtiment. Ce plan de situation réussit à faire passer une sensation de danger et de tension. Il s'agit de deux éléments conditionnant le futur montré dans ce film.

Généralement, les lignes d'horizon sont placées selon la règle des tiers, c'est-à-dire en haut ou en bas du premier tiers du cadre. Toutefois, dans cette composition, l'horizon a été placé très près du centre du cadre, afin d'accentuer la position centrale du bâtiment et la symétrie de cette composition.

La position de ce bâtiment dans le cadre ne respecte pas du tout la règle des tiers. En effet, il aurait dû être placé sur un des points de jonction de la cellule centrale du quadrillage virtuel. Au lieu de cela, le bâtiment a été positionné au centre du cadre, ce qui souligne son importance et son autorité dans un monde complètement chaotique.

Le bâtiment a été filmé depuis un point de fuite, ce qui accentue l'aspect angulaire de son architecture. Cette composition renforce la position symétrique des éléments visuels dans le cadre. Cela confère à la structure une extrême importance dans l'histoire, et assoit son autorité dans la gestion du chaos.

Le fait d'inclure ce feu tricolore dans le plan incite à regarder vers le centre de la composition. Il ajoute également de la profondeur au cadre en impliquant l'existence d'un espace hors champ.

Les lignes convergentes du pont amplifient les distances sur l'axe *z*. Le bâtiment semble très loin du premier plan, ce qui accentue son imposante architecture.

La disposition des gardes sur toute la profondeur de ce pont permet au spectateur de juger de l'importance de la distance qui sépare la voiture de l'entrée du bâtiment. Il suffit pour cela de comparer la taille du soldat filmé au premier plan et de ceux qui se situent devant les portes d'entrée.

considérations techniques

les objectifs

La **longueur de la focale** utilisée dépendra de l'impact visuel que vous désirez donner au lieu de l'action. Donc, vous pouvez utiliser n'importe quel type d'objectif. Avec un **grand angle**, vous filmerez aisément un bâtiment en contre-plongée afin d'amplifier sa hauteur, ce qui le rendra encore plus imposant. Avec un **téléobjectif**, vous le filmerez sous un angle qui fera entrer dans le cadre les constructions environnantes. Cela aura pour effet de réduire l'impact du bâtiment dans la scène. Si le lieu que vous filmez en tant que plan de situation revient régulièrement dans votre film, vous pouvez parfaitement utiliser plusieurs longueurs de focale pour montrer son évolution tout au long de la progression de votre histoire. La **profondeur de champ** est difficile à contrôler en extérieur car vous devez filmer avec des ouvertures très petites et à une distance très importante du sujet. Dans ces circonstances, même un **filtre gris neutre** ne suffit pas. Vous y substituerez un **objectif à décentrement et bascule** qui permet d'appliquer une mise au point sélective. Malheureusement, ces objectifs ne sont pas compatibles avec certains formats, notamment celui des caméras **HD** d'entrée de gamme.

le format

Le plan de situation contient de nombreux détails. Si ces détails sont essentiels à votre récit, vous pouvez tourner avec un film très lent pour réduire le grain et ainsi augmenter la netteté globale de l'image. Cela est très important si vous envisagez de gonfler votre film **S16 mm** en 35 mm pour le diffuser en salle. La pratique suivante est répandue chez les réalisateurs. Ils ont tendance à pousser leur film 35 mm d'environ 1/3 de diaph à la prise de vue pour surexposer légèrement l'image. Ensuite, ils la sous-exposent au tirage. Cette technique réduit le bruit tout en créant des noirs plus profonds. Si vous tournez en **HD** et que vous désirez préserver un maximum de détails dans votre plan de situation, vous devez filmer avec la plus haute résolution possible. Donc, si votre caméra propose plusieurs modes de prise de vue, choisissez 1080i ou 1080p au lieu de 720p. Pensez à régler précisément la netteté pour éviter d'introduire des artefacts susceptibles de dégrader la qualité de l'image.

l'éclairage

Bien que le contrôle de la lumière soit très complexe en extérieur, cela ne signifie pas qu'il est impossible. Ainsi, en consultant les bulletins météo, vous pouvez décider de tourner un plan particulier à un moment précis de la journée pour obtenir une qualité d'éclairage singulière. Munissez-vous au besoin d'un clinomètre, c'est-à-dire un appareil qui permet de prévoir la position du soleil dans un secteur spécifique, un jour précis de l'année. En ce qui concerne les plans de situation de nuit, vous serez souvent contraint d'utiliser l'éclairage ambiant, sauf si vous disposez d'un budget suffisant pour louer des lumières puissantes. Il est également possible de simuler, de jour, un tournage nocturne grâce à la technique dite de « la nuit américaine ». Le problème est que vos cadrages seront très limités. En effet, les éléments trop clairs, comme le ciel, devront être systématiquement exclus sous peine de ruiner votre nuit américaine. Aujourd'hui, vous pouvez recourir à des manipulations numériques pour simuler la nuit. Sachez toutefois qu'il est préférable d'obtenir vos effets à la prise de vue plutôt qu'en postproduction, qui ne vous garantit jamais le résultat à l'avance.

transgresser les règles

Le réalisateur Lars Von Trier exploite intelligemment les implications narratives du plan de situation dans son film Dogville *(2003). Ce plan, comme tout le reste du film, donne une vision singulière d'une ville en la réduisant à un état très schématique. Les murs des pièces sont peints au sol, les meubles sont sommaires, et les habitants sont vus en plongée verticale. Le public, pouvant apprécier ce qui se passe dans chaque maison, entretient une relation particulière avec cette histoire car il sait des choses que les personnages de l'histoire ignorent complètement. Le public a alors une conscience critique des événements racontés, et non plus une perception purement émotionnelle induite par l'histoire.*

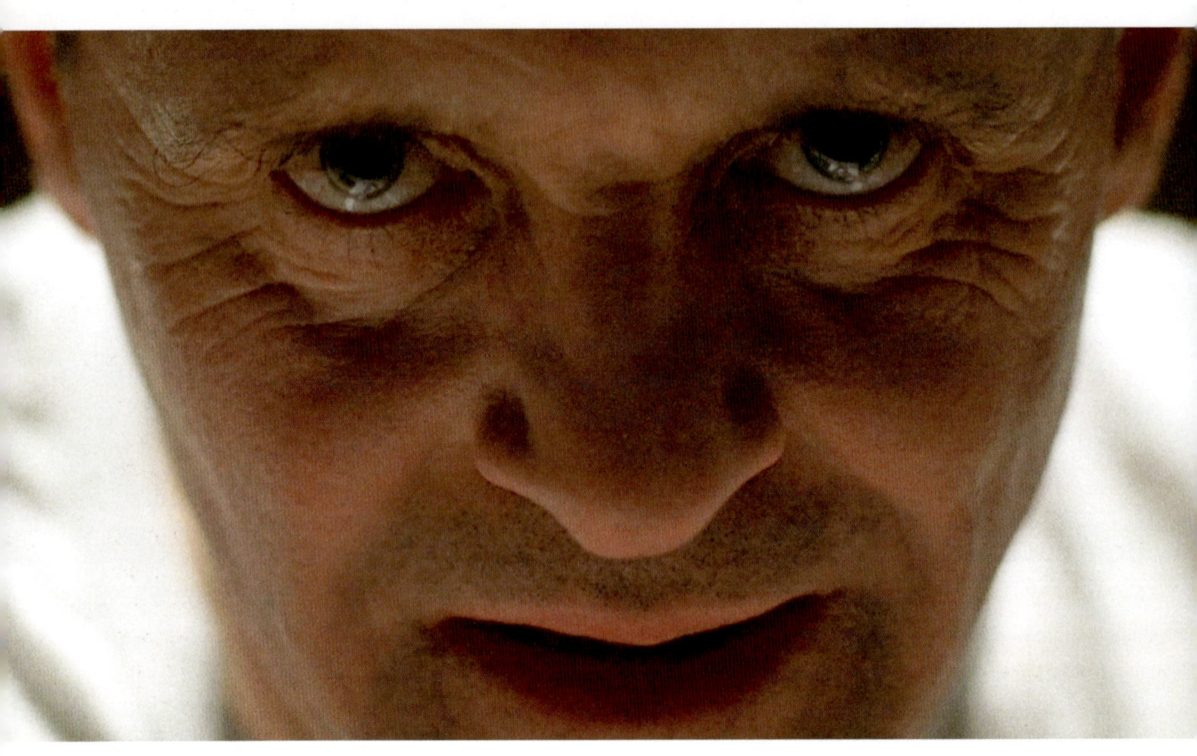

Le silence des agneaux, *Jonathan Demme (1991).*

le plan subjectif

Le plan subjectif permet au spectateur de prendre la place du personnage en montrant la scène de son point de vue. La caméra incarne ici sa vision. En d'autres termes, nous voyons une séquence par les yeux du personnage. Le plan subjectif, à l'inverse de tout autre plan, permet une identification émotionnelle et/ou psychologique d'un point de vue du personnage lui-même. Il y a une sorte de substitution du public, qui se retrouve au cœur de la vision de l'acteur. Ainsi, la composition d'un plan subjectif doit être parfaitement bien maîtrisée pour que coïncident sans anicroches les attributs physiques objectifs du personnage et sa subjectivité émotionnelle et psychologique. L'une des fonctions les plus complexes d'un plan subjectif est la manière dont il permet d'interagir avec les autres personnages. Ils doivent en effet regarder vers l'objectif, parler dans sa direction, et même parfois avoir un contact physique avec lui. Cette interaction peut être très puissante et perturber le public. Il n'est plus spectateur de la scène, mais en devient potentiellement acteur. Si le plan subjectif a un impact indéniable sur le spectateur, il peut aussi avoir un effet retors. En effet, il risque de déconnecter le public de l'histoire en lui faisant ressentir un manque de réaction du personnage subjectivé. Le spectateur doit réagir avec sa propre expérience, ses *a priori* et sa seule sensibilité. Si aucun indice visuel lisible sur le visage ou dans les yeux du personnage ne lui est communiqué, cela nuit à la clarté de la narration. Le plan subjectif doit donc être utilisé dans des circonstances spéciales, et sur un laps de temps très court. L'impact du plan sera d'autant plus puissant si le public reçoit une partie de la scène subjectivement et qu'il voit immédiatement après l'effet produit sur le personnage. La composition et l'aspect d'un plan subjectif dépendent de la métaphore visuelle qu'il doit évoquer. Par exemple, posez-vous la question de savoir ce que peut être le plan subjectif d'une personne qui reçoit un coup. Comment perçoit-il alors son environnement ?

Les plans subjectifs du film *Le silence des agneaux* de Jonathan Demme (1991) interviennent à des moments où Clarice Starling (Jodie Foster) a des échanges tendus avec le Dr Hannibal Lecter (Anthony Hopkins), et d'autres personnages clés de l'histoire. Dans le plan ci-contre, Lecter est en très gros plan. Il crée une forte intimité avec Clarice, mais aussi avec le spectateur, et ce malgré le plan de situation précédent qui montre que Hannibal Lecter se trouve en réalité à plusieurs mètres de la jeune femme. Ce plan subjectif impose le visage de Lecter faisant pression sur Clarice pour obtenir de sa part des révélations importantes concernant ses souvenirs d'enfance.

Plusieurs scènes clés du film Le silence des agneaux *de Jonathan Demme (1991) montrent des personnages qui regardent directement l'objectif quand ils s'adressent à Clarice Starling (Jodie Foster). Ce principe permet au spectateur de ressentir la menace que peut être Hannibal Lecter (Anthony Hopkins).*

plan subjectif

sa raison d'être

Seul le plan subjectif peut placer le spectateur au centre de l'action. Dans ce type de plan, le personnage interagit avec la caméra. Il semble ainsi s'adresser au public, le prendre à parti. La composition de ce plan doit refléter l'angle de vue selon lequel le personnage regarde l'action. La longueur de la focale, le mouvement de la caméra, la composition, et tous les autres types de manipulations de l'image sont employés pour visualiser les attributs physiques, émotionnels et psychologiques de la subjectivité d'un personnage.

Le scaphandre et le papillon de Julian Schnabel (2007) s'appuie sur des plans subjectifs tout au long de l'histoire, afin de placer le spectateur au niveau de l'expérience subjective du personnage principal Jean-Do (Mathieu Amalric), victime d'une attaque cérébrale à l'âge de 42 ans. Les quelques plans de réaction sont complétés par une voix off qui émane de sa conscience restée intacte. Cela permet au spectateur de compatir à son état. La composition des plans est faite de manière à simuler la subjectivité d'un individu ayant subi une telle attaque, comme on peut le voir sur ce plan de sa femme Céline (Emmanuelle Seigner), qui lui rend visite.

Dans un plan subjectif, le personnage interagit avec la caméra comme si elle était elle-même un acteur. Il lui parle, la regarde, la touche parfois. Ce type d'interaction permet au public d'expérimenter l'histoire comme s'il en était partie prenante.

Bien que cette femme entre dans un cadre statique, elle en occupe une proportion idéale. Ce n'est pas toujours le cas dans ce film où les sujets sont cadrés sans un respect systématique des règles de composition. Toutefois, nous retrouvons cette constance dès que le point de vue subjectif du personnage principal s'exprime. Comme il est paralysé, le cadre se doit d'être statique.

La ligne d'horizon est penchée pour bien montrer que nous sommes en présence d'un plan subjectif révélant le point de vue du paralytique dont la tête tombe sur son épaule gauche. Contrôler l'image afin qu'elle reflète l'état physique, émotionnel et psychologique d'un personnage est une stratégie commune en matière de plans subjectifs.

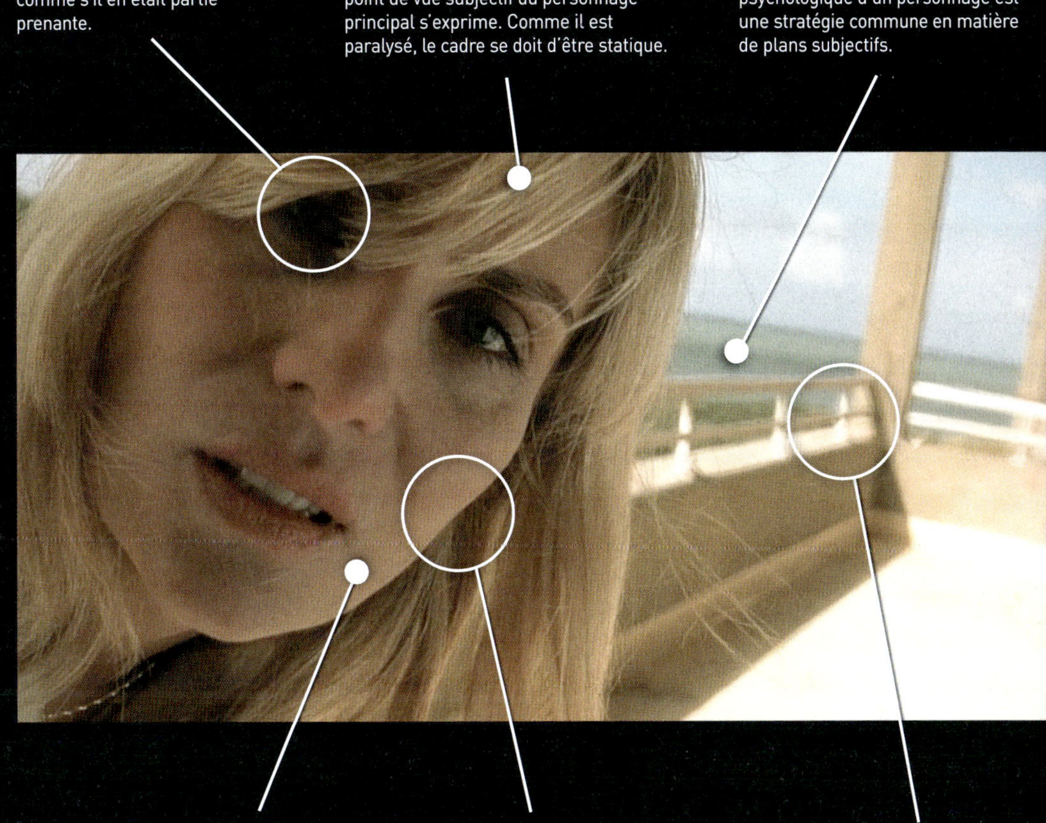

La légère déformation du visage et la perspective convergente visible à l'arrière-plan trahissent l'emploi d'un objectif dont la longueur de focale est très courte. Il s'agit là d'un autre choix stylistique, destiné à visualiser la subjectivité du personnage après son attaque cérébrale.

La lumière est définie de manière à créer un effet visuel agréable. Il est évident qu'un éclairage d'appoint a été utilisé ici pour créer une légère lueur sur le contour du visage de cette femme. Ce type de gros plan permet de redéfinir, voire d'ajouter des éclairages, chose qui serait impossible à réaliser sur des plans plus larges.

La faible profondeur de champ traduit les problèmes de vue que peut avoir ce personnage. Le film utilise plusieurs techniques pour déformer l'image à des degrés divers, afin de montrer l'évolution de la récupération de certaines fonctions physiques.

considérations techniques

les objectifs

Pour ce type de plan, un **objectif normal** semble le meilleur choix. Pourtant, son utilisation n'est pas systématique. De plus, il faut considérer d'autres facteurs de mise en scène. Par exemple, est-il nécessaire d'inclure des mouvements de caméra? Si oui, de quel type doivent-ils être? Ainsi, lorsque vous désirez éviter les effets d'instabilité, vous opterez pour un objectif **grand angle**. En revanche, si la caméra est installée sur une **dolly**, une **Steadicam**, ou encore un **travelling**, vous pourrez opter sans souci pour de **longues focales**. Les objectifs permettront également d'exprimer des métaphores visuelles, afin de traduire une réaction physique, émotionnelle et/ou psychologique. Employez un **objectif à décentrement et bascule** pour simuler la subjectivité d'un personnage dont la vision se révélerait très réduite, suite à certains événements de l'histoire. De même, l'utilisation d'un **téléobjectif** permet de réduire le **champ de vision** pour indiquer qu'un personnage en observe un autre ou regarde un objet en particulier. Il existe aussi des objectifs qui donnent une vision très conventionnelle d'un état du personnage. Ainsi, les objectifs «fish-eye» montrent souvent un personnage sous l'influence de drogues. De même, un filtre qui double la vision subjective permet de simuler l'état d'ébriété dudit personnage. Avec un plan subjectif, vous êtes libre de vos propres expérimentations. Une grande liberté se présente alors à vous.

le format

Les plans subjectifs comprennent souvent des mouvements de caméra. Elle est souvent tenue à la main (caméra au poing), ce qui permet de bien faire comprendre au public qu'il a affaire à une vision subjective. En effet, les mouvements sont sensiblement heurtés, irréguliers. Pour réaliser ce type de mouvement, il est préférable de choisir une caméra légère, même lorsque vous tournez en 35 mm. Il est alors possible de tourner ces plans subjectifs en **Super 16 mm**, que vous gonflerez par la suite en 35 mm, ou en **HD**, pour convertir ensuite la prise de vue en 2K afin de la transférer sur une pellicule 35 mm. La complexité des mouvements de caméra et le développement d'une stratégie visuelle destinée à simuler la subjectivité d'un personnage imposent l'utilisation d'un matériel spécial. Aucun film ne témoigne de cela mieux que l'extraordinaire *Arche russe* d'Alexandre Sokourov (2002). Ce film a été tourné avec une caméra HD installée sur une Steadicam. Il est constitué d'un seul plan séquence subjectif de 91 minutes, qui couvre trois cents ans de l'histoire de la Russie à travers une visite du musée de l'Ermitage à Saint-Pétersbourg.

l'éclairage

Si le plan subjectif contient des mouvements de caméra, vous devez impérativement prendre en considération le positionnement des éclairages. Souvent, l'utilisation d'éclairages conventionnels est proscrite, surtout quand vous tournez un intérieur nuit. Dans pareilles circonstances, il est préférable d'opter pour des ampoules survoltées dont vous réglerez l'intensité. Le problème posé par ce type d'éclairage est qu'il ne permet pas d'éclairer correctement les scènes où de nombreux éléments doivent être visibles dans la séquence. Lorsque vous filmez un intérieur jour, une option consiste à utiliser la lumière naturelle qui provient des fenêtres. Cela permet de déplacer librement la caméra sans craindre des problèmes d'exposition. Les extérieurs nuit sont souvent plus simples à éclairer lorsque vous les tournez de jour avec la technique de «la nuit américaine». Sinon, essayez de trouver un lieu suffisamment éclairé pour éviter la location d'éclairages puissants, souvent très onéreuse.

transgresser les règles

Dans le film de Spike Jonze intitulé Dans la peau de John Malkovich (1999), les plans subjectifs sont marqués par un effet de vignettage. Ainsi, le spectateur identifie parfaitement les séquences où il se trouve effectivement à la place de l'acteur John Malkovich. Dans ce plan, la personne qui se retrouve dans la peau de John Malkovich (Lotte, jouée par Cameron Diaz) est séduite par Maxine (Catherine Keener). Cette utilisation du plan subjectif est unique car elle permet au spectateur d'expérimenter simultanément deux subjectivités. En effet, nous entendons la voix off de Lotte en même temps que celle de Malkovich. L'interaction physique entre les personnages a été possible grâce à un dispositif d'anneau mis au point par le directeur de la photo.

Mystery Train, *Jim Jarmusch (1989).*

le plan de deux

Comme son nom l'indique, ce plan cadre deux personnages. Il est généralement obtenu avec un **plan rapproché**, **moyen**, ou encore **demi-ensemble**. Cependant, n'importe quelle échelle de plan qui cadre deux personnages pourrait porter le nom de plan de deux. Il est très régulièrement employé pour cadrer des personnages qui dialoguent. Au montage, on le couple avec d'autres plans de manière à rendre la conversation plus dynamique. Cette interaction se retrouve également dans les **plans de groupe**. Toutefois, le plan de deux permet d'insister sur le caractère intime et profond d'une relation qui s'établit entre les personnages cadrés. Le public peut donc déduire ce niveau d'intimité en comparant les réactions des deux personnages au même moment. Par exemple, en appliquant la **règle d'Hitchcock**, vous donnerez plus d'importance à l'un des deux personnages filmés. Cela suggérera qu'il a davantage de puissance ou d'autorité que le second. Si vous cadrez en **plan d'ensemble**, le langage corporel des personnages permettra de montrer l'interaction et la dynamique qui les anime. Gardez en mémoire un élément important : lorsque vous filmez une conversation avec un plan de deux, le public fait lui-même le montage dans sa tête en focalisant son attention sur celui qui parle ou qui agit. Cette réaction du public peut avoir un impact fondamental sur la manière dont il comprend et reçoit l'histoire. Si vous découpez la séquence en différentes échelles de plan pour souligner des réactions spécifiques, le spectateur devient, du même coup, beaucoup plus passif. En effet, le montage lui mâche le travail. Quand la composition demeure constante, c'est-à-dire sans montage intermédiaire, le public devient actif. Il recherche les clés nécessaires au décodage de l'intensité dramatique de la scène, c'est-à-dire ce qu'André Bazin, un grand théoricien français du cinéma, appelle la « mise en scène esthétique ».

Dans son film *Mystery Train* (1989), et plus particulièrement le sketch « Far from Yokohama », Jim Jarmusch utilise le plan de deux pour montrer un couple d'adolescents japonais (Masatoshi Nagase et Youri Kudoh) visitant le temple du rock à Memphis dans le Tennessee. Presque tous les plans de ce sketch sont des plans de deux. Ils permettent d'établir la profonde connivence qui existe entre ces deux personnages et de montrer leur isolement du reste du monde lorsqu'ils se retrouvent ainsi en pays étranger. La prédominance du plan de deux révèle progressivement leur relation, à travers leurs actions et leur interprétation. Cela est bien plus parlant et subtil qu'un montage alternant des plans de deux et des **gros plans**.

Le sketch « Far from Yokohama » du film Mystery Train *de Jim Jarmusch (1989) utilise principalement le plan de deux. Cela permet de montrer la connivence qui existe entre Jun (Masatoshi Nagase) et Mitsuko (Youki Kudoh) pendant leur pèlerinage à la Mecque du rock qu'est Memphis, dans le Tennessee.*

plan de deux

sa raison d'être

Le plan de deux, comme tout plan qui cadre deux personnages, vous permet d'établir une relation dynamique entre les protagonistes. Il met en évidence le langage corporel, ainsi que la composition de la prise de vue. Dans la mesure où, par définition, le plan de deux cadre deux acteurs, il implique automatiquement une connexion narrative entre eux. Le plan ci-dessus est extrait du film *Thelma et Louise* de Ridley Scott (1991). Le film raconte l'histoire de deux femmes qui deviennent des fugitives recherchées par la police après que l'une d'entre elles a tué un homme qui essayait de la violer. Ce plan permet de montrer la nouvelle relation qui s'est installée entre les deux femmes au fur et à mesure de leur voyage. Louise (Susan Sarandon, à gauche) et Thelma (Gina Davis, à droite), une femme au foyer sous l'emprise de son mari, sont devenues des hors-la-loi qui luttent contre le système patriarcal. La composition de ce plan de deux a été faite pour montrer comment leur désespoir les a considérablement métamorphosées.

Le plan est tourné en légère contre-plongée, de manière à augmenter la sensation de détermination des deux femmes à cet instant précis de la narration. La subtilité de l'angle de la prise de vue permet de compléter et de confirmer les autres choix qui ont dicté la composition.

Bien que le plan soit réalisé de trois quarts, les deux personnages couvrent les points de jonction définis par la règle des tiers. Cela permet d'obtenir une composition dynamique en créant suffisamment d'espace autour des deux femmes. Cette puce se situe au point de jonction supérieur gauche de la cellule centrale de la grille virtuelle.

Filmer à la lumière ambiante réduit considérablement les options d'éclairage. Toutefois, cela n'empêche pas de mettre en évidence les deux femmes par rapport au décor. En filmant avec une source de lumière ambiante située derrière les personnages, vous les détachez sans aucun problème de l'arrière-plan.

L'échelle de ce plan permet d'apprécier le langage corporel des personnages. Cela transmet des informations narratives et établit un lien dynamique entre les deux femmes. L'expression de leur visage et leur posture, identiques à ce moment de leur aventure, contrastent énormément avec le comportement qu'elles avaient au début du film.

La grande profondeur de champ utilisée dans ce plan de deux permet d'intégrer le décor à la composition, ce qui laisse au spectateur la possibilité de déterminer la relation qui existe entre les deux personnages et leur environnement. Ce lieu désertique est particulièrement important dans l'histoire. Cela explique l'espace qu'il occupe dans la composition avec de nombreux éléments symboliques comme le vide, l'immensité, la solitude, le côté implacable, et le genre western pour ne citer qu'eux.

Thelma occupe sensiblement plus de place que Louise dans le cadre, et ceci dans le pur respect de la règle d'Hitchcock. En effet, à cet instant précis de l'histoire, Thelma a un comportement beaucoup plus radical que Louise. Thelma est aussi le point focal de cette composition. Elle se situe à la fin d'une ligne diagonale qui commence à Louise, positionnée sur le bord gauche du cadre.

Cette prise de vue de trois quarts amplifie les distances sur l'axe *z*. Comme elles se détachent bien de l'arrière-plan, nous avons l'impression que l'espace s'étend au-delà des bords du cadre. Ainsi, l'utilisation de ce cadre ouvert implique l'existence d'un espace hors champ.

considérations techniques

les objectifs

Comme les plans de deux peuvent être réalisés avec différentes échelles, allant du **plan rapproché** au **plan général**, le choix de l'objectif se fera en fonction de la **longueur de la focale** souhaitée. Selon le type de relation que vous désirez établir entre le public et les sujets filmés, vous utiliserez un **téléobjectif** afin de réduire les distances sur l'axe *z*. En revanche, si vous souhaitez augmenter ces distances, utilisez un objectif **grand angle**. Si le plan de deux intègre une grande partie de l'environnement, n'oubliez pas que le choix de la longueur de la focale affectera la relation spatiale qui existe entre les personnages et le lieu où ils se trouvent. Par exemple, dans le plan extrait du film *Mystery Train*, une très faible partie de l'arrière-plan est contenue dans le cadre. En revanche, dans le plan du film *Thelma et Louise*, une très grande partie du décor est visible dans le cadre. Dans ces deux exemples, la longueur de la focale et la distance qui sépare la caméra du sujet ont été très précisément définies, dans l'unique but de contrôler le **champ de vision** de la composition. Cela a permis aux deux réalisateurs de placer l'intensité dramatique soit sur les personnages, soit sur les personnages et leur environnement, en fonction des exigences narratives.

le format

Les deux principaux inconvénients des caméras **SD** et **HD** de moyenne gamme tiennent à la très faible sensibilité de leurs **capteurs CCD** qui ne permet pas d'obtenir une **profondeur de champ réduite**. Cela est particulièrement sensible avec les plans de deux. Par exemple, il aurait été parfaitement possible d'obtenir la profondeur de champ du plan de *Thelma et Louise* avec n'importe quelle caméra numérique. En revanche, vous n'auriez pu obtenir la profondeur de champ du plan de *Mystery Train* qu'avec une caméra HD équipée d'un **adaptateur 35 mm**, ou bien en utilisant une caméra HD professionnelle. Quoi qu'il en soit, ne soyez pas découragé par les limites du format que vous utilisez. Bien au contraire, ces contraintes doivent être une raison supplémentaire d'apprendre à exploiter ce format à votre avantage.

l'éclairage

Le plan de deux contient au moins deux personnages, ainsi qu'une partie de l'environnement dans lequel se déroule l'action. En règle générale, les personnages sont éclairés de manière à se détacher de la composition. Pour cela, ils doivent être légèrement plus clairs que les autres éléments de la scène. Cependant, l'éclairage doit être très précis. En effet, si l'arrière-plan paraît trop sombre, il sera difficile de traduire une relation entre le décor et le sujet filmé (comme on peut le voir avec le plan extrait de *Mystery Train*). À l'inverse, l'arrière-plan peut être éclairé de façon à paraître beaucoup plus clair que les personnages. Cela permet de souligner la relation qui existe entre les protagonistes et le décor (comme nous pouvons le voir dans le plan extrait de *Thelma et Louise*). L'éclairage peut également être utilisé pour contrôler les éléments du cadre qui seront ou non nets. Ainsi, vous obtiendrez un arrière-plan flou pour un plan de deux en choisissant une faible profondeur de champ, grâce à une ouverture très grande du diaphragme. Le problème est que l'ouverture ou la fermeture du diaphragme influe inévitablement sur l'exposition de l'image. Dans ce cas, disposer d'un contrôle sur l'éclairage devient crucial, surtout si vous filmez en intérieur. Lorsque vous tournez un extérieur jour, vous êtes confronté au problème inverse. En effet, l'éclairage risque d'être trop puissant. Pour compenser cette puissance, vous utiliserez un **filtre gris**. Il vous permettra d'ouvrir plus largement le diaphragme, afin d'obtenir une profondeur de champ réduite sans risquer de surexposer l'image.

transgresser les règles

Ce plan de deux est très original. Il est extrait du film Paris, Texas *de Wim Wenders (1984). Il s'agit d'un plan au-dessus de l'épaule qui intervient à un moment clé de l'histoire. En effet, Travis (Harry Dean Stanton), un homme qui a quitté sa famille pour devenir un simple vagabond, retrouve sa femme Jane (Nastassja Kinski) dans le peep show où elle travaille. La composition très originale utilise un miroir pour créer le plan de deux. Ici, les deux visages se superposent, ce qui établit un lien dynamique très puissant entre les deux personnages. En voyant le reflet de sa femme s'incruster sur le sien, Travis retrouve une image édulcorée de la relation de couple qu'il voudrait reconquérir. Mais cette illusion optique révèle l'aspect illusoire de son entreprise. Il pense que sa famille est bien plus heureuse sans lui. Nous avons là l'exemple type d'un plan emblématique.*

La cité de Dieu, *Fernando Mireilles et Katia Lund (2002).*

le plan de groupe

Un plan de groupe inclut au moins trois personnes. Pour le mettre en scène, le réalisateur utilise donc un **plan moyen**, un **plan demi-ensemble**, ou un **plan d'ensemble**. Comme la plupart des plans qui contiennent plusieurs personnages et une partie de leur environnement, le plan de groupe établit une relation dynamique entre eux, ou entre eux et le lieu dans lequel se déroule l'action. Par exemple, la disposition des personnages dans un plan de groupe permet de suggérer qu'un désaccord et/ou un conflit les opposent. Il suffit pour cela qu'ils ne regardent pas dans la même direction. Les relations qui existent entre des personnages et un lieu peuvent être suggérées par l'espace qu'ils occupent dans le cadre (**règle d'Hitchcock**), ou bien par application stricte des règles de composition comme le **cadrage équilibré/déséquilibré** et la **règle des tiers**. Le plan de groupe est souvent utilisé comme plan de situation. Il permet de montrer un groupe de personnes dans un lieu précis. Dans la mesure où un plan de groupe contient plusieurs personnages, leur disposition dans le cadre peut être utilisée pour augmenter la profondeur du plan, selon leur place sur l'axe *z*. Le spectateur ressent cette profondeur du plan grâce à la variation de la taille des personnages tout au long de cet axe. En revanche, si vous placez l'ensemble des personnages sur l'axe *x* du cadre, vous créez une composition sans profondeur. Les plans de groupe permettent de créer des compositions emblématiques à un moment particulier de l'histoire. Ce caractère emblématique trouve son origine dans un **champ de vision** très large. Ainsi, de nombreux éléments visuels seront présents dans le cadre. Tous les exemples du présent chapitre sont à la fois des plans de groupes et des plans emblématiques.

Le plan ci-contre est extrait du film *La cité de Dieu* de Fernando Meirelles et Katia Lund (2002). Il retrace la vie de deux enfants qui grandissent dans les favelas. Li'l Zé (Leandro Firmino) devient un puissant vendeur de drogue. De son côté, Buscapé (Alexandre Rodrigues) tente de devenir le journaliste qu'il a toujours rêvé d'être. À un moment clé de l'histoire, Li'l Zé demande à Buscapé de prendre une photographie de sa bande après une petite victoire obtenue sur la police. La photo montre le groupe régnant sur son territoire, jouant avec des armes afin d'inspirer la peur à leurs ennemis. La composition de ce plan est très simple et elle n'est pas sans rappeler celle des équipes de football. Tous les membres du gang sont alignés sur l'axe *x*, ce qui réduit la profondeur du plan. Les personnages se détachent de l'arrière-plan grâce à un éclairage latéral. La composition souligne parfaitement bien l'unité du groupe. Leur taille et leur positionnement central dans le cadre confère une grande puissance à la relation dynamique qui est ainsi établie avec l'environnement. Les membres du groupe règnent en maîtres sur cette favela.

Ce plan de groupe, extrait du film La cité de Dieu *de Fernando Meirelles et Katia Lund (2002), établit parfaitement bien l'unité d'un groupe dont l'autorité s'exerce sur leur favela, qui porte ironiquement le nom de « cité de Dieu ».*

plan de groupe

sa raison d'être

Pour traduire la relation qu'entretiennent des personnages entre eux, mais aussi avec leur environnement, les réalisateurs composent généralement un plan de groupe. Comme ce type de plan dispose d'un cadrage très large, il est facilement emblématique. Dans ce plan, extrait du film *Exilé* de Johnny To (2006), le positionnement des personnages dans le cadre est destiné à créer un suspense, tout en établissant une relation spatiale entre les protagonistes qui préparent l'assassinat de leurs rivaux. Tous les choix de composition de ce plan mettent en évidence le conflit qui oppose les personnages : premier plan contre arrière-plan, large contre serré, visible contre silhouette et masqué contre exposé, pour ne citer que ceux-là.

Le vaste champ de vision qui permet d'inclure tous les personnages a été réalisé avec un grand angle, comme le prouve la déformation des lignes verticales. Ce type d'objectif amplifie les distances sur l'axe *z*, ajoutant ainsi de la profondeur à la composition.

Ce personnage est le point focal de la composition. Il occupe la zone la plus claire de l'arrière-plan. L'expression corporelle des autres personnages guide sur lui l'attention du spectateur.

Ce personnage, partiellement coupé par le bord du cadre, agit comme un repoussoir, ce qui guide le regard du public vers le point focal de la composition. Ce recadrage indique l'existence d'un espace hors champ. Le personnage devient ici une clé visuelle, qui permet au spectateur de comparer sa taille avec celles des personnages situés au centre du cadre.

Le très large cadrage du groupe permet de voir certains personnages dans leur intégralité. Ainsi, leur langage corporel ajoute une dimension dramatique à la scène. Vous remarquez que cette tension supplémentaire et ce suspense engendré par la posture des trois personnages au premier plan montre leur détermination à engager le combat armé dès qu'ils en recevront l'ordre.

Les tâches de lumière permettent de mettre en évidence certaines zones très sombres de la scène. Cela ajoute du contraste et de la profondeur au cadre. Cet éclairage de type *low-key* fait planer un mauvais pressentiment et isole chaque personnage. Une sensation de confinement se fait largement sentir.

Cette silhouette se détache de l'arrière-plan qui est très clair. Elle est en opposition visuelle avec les personnages du premier plan, ce qui amplifie la sensation de conflit entre les protagonistes de la scène.

considérations techniques

les objectifs

Dans la mesure où les plans de groupes établissent une relation entre des personnages et leur environnement, le choix de la **longueur de la focale** est déterminant pour définir la nature de cette relation. Par exemple, vous utiliserez un **objectif grand angle** pour augmenter les distances sur l'axe *z*. Cette exagération des distances sera également déterminée par le positionnement du personnage sur cet axe. Inversement, vous utiliserez un **téléobjectif** pour resserrer les distances en question. Vous donnerez ainsi l'impression que les personnages sont plus proches les uns des autres, ou bien qu'il existe une relation spéciale entre ceux qui sont situés au premier plan et les éléments significatifs de l'arrière-plan. Bien entendu, lorsque vous filmez en intérieur, le choix de l'objectif est souvent imposé par le manque d'espace nécessaire à l'éloignement de la caméra des sujets filmés. Dans ces conditions, il sera difficile de créer un **plan d'ensemble**, un **plan demi-ensemble**, ou un **plan moyen**.

le format

Les formats de prise de vue **SD** ou **HD** réduisent considérablement le choix de vos cadrages. En effet, les objectifs de ces caméras ont une longueur de focale très courte. Il est donc difficile d'isoler le sujet de l'arrière-plan en définissant une **faible profondeur de champ**. Il reste l'option de définir un cadrage serré en rapprochant la caméra du sujet filmé. Ce type de cadrage est très facile à réaliser avec des formats vidéo utilisant des **capteurs CCD** plus grands que ceux qui équipent les caméras vidéo grand public. Donc, pour disposer d'une plus grande souplesse de prise de vue en format HD, vous devez équiper votre matériel vidéo d'un **adaptateur 35 mm**. Vous pourrez ainsi utiliser différents types d'objectifs 35 mm. Le cadrage obtenu avec des formats **16** et **Super 16** sera généralement plus large que celui obtenu avec la majorité des capteurs CCD de type SD et HD. Toutefois, il sera assez difficile de créer une faible profondeur de champ sans rapprocher considérablement la caméra du sujet filmé. Le format 35 mm reste le meilleur choix pour filmer un plan de groupe quand vous souhaitez un cadre très large et une profondeur de champ très réduite.

l'éclairage

Lorsqu'un plan de groupe est tourné en intérieur et qu'il couvre une vaste zone, l'éclairage peut être utilisé pour définir les relations spatiales qui existent entre les personnages, ou entre les personnages et le lieu de l'action. Le plan de groupe de la précédente page en est un exemple parfait. Si le bord du cadre avait été correctement éclairé, la tension et le suspense émanant de cette scène auraient été considérablement atténués. L'éclairage en clair-obscur, réalisé avec de petites taches de lumière qui révèlent des détails sur des ombres profondes, crée une atmosphère de défiance et de danger. Cela renforce la dynamique qui existe entre les personnages présents dans la composition du cadre. Sachez que plus un plan est large, plus la dissimulation des sources d'éclairage est compliquée. Lorsque vous tournez des extérieurs nuit, le contrôle dont vous jouissez sur les conditions d'éclairage reste très limité, sauf si votre production a les moyens de louer des projecteurs puissants. Si vous tournez des extérieurs jour, vous pouvez planifier les dates et les heures de prise de vue pour bénéficier de la meilleure lumière à un moment particulier de la journée.

transgresser les règles

Comme un plan de groupe contient de nombreuses personnes, il est généralement tourné sous la forme d'un plan d'ensemble ou d'un plan moyen. Il est donc bien difficile d'y montrer les expressions du visage des différentes personnes composant le groupe. Toutefois, dans ce plan de groupe extrait du film Brazil *de Terry Gilliam (1985), qui raconte l'histoire d'une bureaucratie rétro futuriste contrôlant chaque aspect de la société, le réalisateur utilise un plan rapproché. Le cadrage est réalisé en légère contre-plongée, ce qui permet de remplir tous les espaces situés dans la moitié inférieure du cadre. Ce plan confère ainsi aux personnages filmés, membres du département de l'information chargés de torturer les terroristes présumés, une apparence inflexible et oppressante.*

Apocalypto, *Mel Gibson (2006).*

le plan désaxé (hollandais)

Le plan désaxé est un cadrage latéralement incliné. De ce fait, la ligne d'horizon n'est jamais de niveau, et les lignes verticales parcourent le cadre diagonalement. Ce cadrage crée un effet de déséquilibre ou de désorientation, ce qui communique une sensation de tension dramatique, d'instabilité psychologique, de confusion, de folie, ou de toxicomanie. Le plan désaxé a été introduit en 1930 par le mouvement expressionniste allemand. Il était destiné à montrer les troubles psychologiques des personnages. Pour cette raison, on l'appelle parfois « angle allemand ». Des erreurs de prononciation ont transformé le terme « *Deutsch* » (« allemand ») en « *Dutch* » (« hollandais »). Pourtant, historiquement, cet angle de prise de vue n'a aucun lien avec le cinéma néerlandais. Le plan désaxé peut être utilisé en tant que plan de groupe pour montrer une hystérie collective quand des personnages sont confrontés à une situation inhabituelle. Ce type de plan est également utilisé pour mettre en évidence une situation anormale, sans nécessairement refléter une altération psychologique du personnage. Le degré d'inclinaison d'un tel plan détermine le niveau d'anormalité, de désorientation, ou encore d'anxiété. Ainsi, lorsque l'inclinaison de la caméra approche les 45 degrés, le public a la sensation d'être en présence d'une situation extrême. En revanche, lorsque cette inclinaison n'est que de quelques degrés, le spectateur perçoit une instabilité qui ne détourne pas son attention de l'histoire. Comme le plan désaxé est très perturbant, vous ne devez pas en abuser. En effet, plus vous l'utiliserez dans votre film, moins vous obtiendrez l'effet recherché. Deux films utilisent intensivement ce plan incliné : *Le troisième homme*, réalisé par Carol Reed (1949) et *Fay Grim*, de Hal Hartley (2006).

Le cadre représenté ci-contre, extrait du film de Mel Gibson, *Apocalypto* (2006), montre une scène d'hystérie collective. Elle se déroule lors du déclin de la civilisation Maya. Un membre d'une tribu mésoaméricaine, Jaguar Paw (Rudy Youngblood), a été enlevé et placé dans une grande ville Maya. Au moment où on le prépare pour un sacrifice rituel, une éclipse solaire survient. La population Maya voit dans l'éclipse une expression diabolique. Une panique l'envahit, et tous les membres de la tribu se mettent à prier pour le retour du soleil. Pour évoquer cet instant dramatique, le réalisateur choisit un plan désaxé. Ainsi, il traduit visuellement l'angoisse et l'hystérie qui gagne les personnages. La forte inclinaison de la caméra reflète le niveau d'hystérie des membres de la tribu.

Ici, un plan désaxé est utilisé pour traduire l'hystérie collective de la population Maya face à une éclipse solaire dans le film Apocalypto *réalisé par Mel Gibson (2006).*

plan désaxé

sa raison d'être

Le plan désaxé permet aussi d'augmenter la tension dramatique d'un moment précis dans une histoire. C'est le cas de ce plan, extrait du film *Piège de cristal* de John McTiernan (1988). Après qu'un groupe de mercenaires a pris le contrôle d'un bâtiment, le policier new-yorkais John McClane (Bruce Willis) tente de contrarier leur plan, qui consiste à voler des millions de dollars dans une salle des coffres. Dans cette scène clé, McClane tombe sur Hans Gruber (Alan Rickman), le cerveau qui se cache derrière ce forfait mais qui prétend faire partie des otages. Toute la scène est filmée avec un plan incliné, qui ajoute un haut niveau de tension dans les échanges entre les deux hommes. Tout au long de cette scène, nous comprenons que McClane suspecte la véritable identité de Gruber, mais qu'il fait semblant de lui faire confiance afin de lui soutirer des informations.

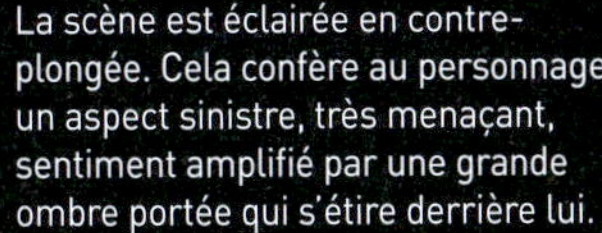

La scène est éclairée en contre-plongée. Cela confère au personnage un aspect sinistre, très menaçant, sentiment amplifié par une grande ombre portée qui s'étire derrière lui.

L'important espace vide situé au-dessus de la tête du personnage s'explique par la volonté d'inclure une ombre portée déformée. Cette ombre représente la face cachée, obscure, de cet homme.

Ce cadrage relativement large (situé entre un plan moyen et un plan rapproché) permet d'inclure plusieurs lignes verticales. Comme il s'agit d'un plan désaxé, ces lignes ne sont donc pas parfaitement droites.

L'utilisation d'un grand angle permet d'étendre les distances sur l'axe *z* du cadre. Bien entendu, le grand angle déforme certaines lignes verticales, ce qui accentue le malaise suggéré par l'inclinaison de la caméra.

La proximité de la caméra par rapport au sujet et la grande ouverture du diaphragme réduisent considérablement la profondeur de champ. Ainsi, seul le sujet principal est net.

La présence de ce personnage au premier plan ajoute de la profondeur et guide l'œil du spectateur vers le personnage situé au centre de la composition. Il est le point focal de ce plan au-dessus de l'épaule.

considérations techniques

les objectifs

La **longueur de la focale** détermine l'effet produit par un plan désaxé. Comme l'inclinaison ressentie dépend de la présence de lignes verticales dans le cadre, il est nécessaire de composer votre plan en incluant de telles lignes. C'est d'autant plus nécessaire quand l'inclinaison de la caméra est relativement faible et que le cadrage est très serré afin d'exclure la majeure partie du décor. Donc, le choix de la longueur de la focale fera toute la différence. En fonction des détails de la scène, l'utilisation d'un **objectif grand angle** permettra d'augmenter les distances sur l'axe *z*. Ainsi, les verticales situées à l'arrière-plan seront beaucoup moins apparentes que si vous utilisiez un **téléobjectif** (qui resserre ces distances). Cependant, contrôler la longueur de la focale n'est pas suffisant. Vous devez en effet prendre en compte d'autres aspects de votre composition comme la **profondeur de champ**, l'éclairage et la direction artistique. Par exemple, dans la scène du film *Apocalypto* de Mel Gibson présentée au début de ce chapitre, un téléobjectif a été utilisé pour ramasser l'espace sur l'axe *z* du cadre. Cela permet de condenser les citoyens Mayas en une masse compacte et unifiée. Ce choix renforce l'impression d'une véritable hystérie collective face à une éclipse du soleil. En revanche, dans la scène du film *Piège de cristal*, le choix de l'objectif s'est porté sur un grand angle. Il ajoute une déformation optique à la composition, que le réalisateur a combinée avec un éclairage particulier. Ces déformations supplémentaires amplifient la sensation de malaise induite par le plan désaxé.

le matériel

La majorité des trépieds permet de desserrer la rotule afin d'incliner la caméra, de manière à obtenir le plan désaxé nécessaire à la composition. Pour amplifier davantage cet effet, vous pouvez déséquilibrer la hauteur des pieds. Par exemple, l'un des pieds sera bien plus haut ou bas que les deux autres. Il est même possible de fixer une plaque sur la rotule, afin de déporter la caméra et obtenir une inclinaison latérale de l'appareil. Quelle que soit la technique que vous appliquez, n'oubliez jamais que le réglage de la caméra et du trépied nécessite des mesures particulières pour éviter une chute de votre matériel. Par exemple, certaines parties du trépied devront être lestées.

l'éclairage

Dès que vous souhaitez contrôler la profondeur de champ, vous devez intervenir sur la quantité de lumière qui atteint la pellicule ou le **capteur CCD**. Dans l'exemple du film *Apocalypto*, un téléobjectif a été combiné avec une petite ouverture du diaphragme pour qu'une majorité d'acteurs présents dans le cadre soit nette. (Un travail effectué en post-production a permis de réduire la quantité réelle de lumière pour simuler une éclipse solaire.) Une petite ouverture aurait également pu être utilisée dans le plan extrait du film *Piège de cristal* sans nuire à l'éclairage en clair-obscur qui crée ici une atmosphère inquiétante et pesante sur la scène. De plus, une petite ouverture aurait permis d'obtenir un arrière-plan net mettant encore plus en évidence les verticales. Le problème est que cette netteté aurait détourné l'attention du sujet principal de la composition, brisant une des règles établies par le **plan au-dessus de l'épaule**.

transgresser les règles

Un plan désaxé est destiné à suggérer une situation altérée ou troublée. Il est donc inutile d'y ajouter des mouvements de caméra. Cependant, dans le film de Peter Weir, The Truman Show *(2002), l'un des moments clés du film est mis en évidence par l'utilisation d'un plan désaxé complété par une caméra fixée sur une porte à tambour. Cet effet traduit la sensation ressentie par Truman Burbank (Jim Carrey) que les choses ne tournent pas rond dans sa vie.*

Bienvenue Mister Chance, *Al Ashby (1979)*.

le plan emblématique

Le plan emblématique repose sur l'association d'idées. Cela permet de créer des compositions qui établissent des connexions spéciales entre les divers éléments visuels du cadre. Un seul plan emblématique peut « raconter une histoire ». Lorsque le public voit Luke Skywalker regarder les soleils jumeaux de Tatooine dans le film *La guerre des étoiles* de George Lucas (1977), il reçoit beaucoup plus d'informations et ressent plus de choses que le contenu littéral de l'image. Il est ainsi invité à rechercher la signification précise de ces diverses connexions et associations. Cette signification dépendra du placement des éléments dans la composition, et du symbolisme attaché à certaines images. Dans cette scène de *La guerre des étoiles*, le public voit bien plus qu'un garçon regardant des soleils. Il déduit que le jeune homme a l'impression que son futur est hors de portée. Pour bien mettre en œuvre un plan emblématique, vous devez disposer d'une vision très claire des thèmes évoqués, des sous-entendus, et des idées qui structurent votre histoire. À partir de cette identification, vous pouvez concevoir des compositions qui la soutiennent visuellement. Ainsi, en appliquant la **règle d'Hitchcock**, vous obtiendrez une composition qui insiste sur un élément visuel plutôt que sur un autre. Ou bien vous utiliserez n'importe quel autre principe de composition (comme le cadrage **équilibré/déséquilibré**, la **règle des tiers**, etc.) pour établir, dans l'esprit du spectateur, des relations spécifiques entre les différents éléments du plan. Les plans emblématiques sont généralement montés au début ou à la fin d'une scène très significative. Lorsque vous placez ce plan en début de séquence, il a tendance à déterminer la tonalité de tous les plans qui vont suivre. En revanche, quand vous le montez à la fin d'une scène, il agit comme une sorte de conclusion, d'explication, voire de contextualisation des événements qui se sont déroulés en amont. Une autre pratique consiste à réutiliser ou à recréer un plan emblématique à la fin du film. Cela indique au public que la boucle est bouclée, et que l'on approche du dénouement (théorie des **correspondances**). Lorsque vous composez un plan emblématique, songez à la manière dont le positionnement des éléments dans le cadre va influer sur la signification du plan. Votre composition soutient-elle l'ensemble des éléments qui prennent place dans la scène, la séquence ou le film ? Entre-t-elle en concurrence avec eux ? Annonce-t-elle un événement futur ? Souligne-t-elle des problèmes qui n'ont pas de liens directs avec l'histoire, mais qui sont pourtant le sujet du film ? Est-ce qu'un plan emblématique serait compris d'une personne qui n'a jamais vu votre film ?

Le film *Bienvenue Mister Chance* réalisé par Hal Ashby (1979) utilise très tôt dans l'histoire le plan emblématique. Il intervient après qu'un savant un peu fou nommé Chance (Peter Sellers) est devenu un sans-abri dans la ville de Washington suite à la mort de son employeur. La composition du plan ci-contre est très intelligente. Elle montre Chance marchant vers le Capitole alors que le feu tricolore est au vert – symbole suggérant qu'il pourrait devenir Président des États-Unis –, tandis qu'il se trouve isolé au milieu d'un trafic routier dense – symbole de son inactivité professionnelle. Ce plan emblématique très simple introduit et projette les thèmes qui sont explorés tout au long du film.

Dans le film Bienvenue Mister Chance *de Hal Ashby (1979), Chance (Peter Sellers) se retrouve SDF suite au décès de son patron. La composition d'un des premiers plans du film révèle l'ambition du personnage : devenir président des États-Unis d'Amérique.*

plan embématique

sa raison d'être

Les plans emblématiques sont complexes à créer. Toutefois, ils se révèlent très efficaces dans la communication d'informations visuelles qui permettent de dégager une symbolique. Dans ce type de plan, le réalisateur cherche à exprimer le ou les thème(s) de son film sans le(s) exposer littéralement. Une des approches les plus communes de la composition de ces plans est la règle d'Hitchcock. Elle organise les éléments visuels de telle sorte que le public crée lui-même les connexions nécessaires à la compréhension de l'histoire. Dans le plan emblématique ci-dessus, extrait du film *Épouses et concubines* de Zhang Yimou (1991), Songliang (Gong li), jeune fille mariée contre son gré à un homme riche qui a déjà plusieurs femmes, rencontre un de ses beaux-fils, Feipu (Chu Xiao). Malgré la brièveté de la rencontre, elle ressent une émotion d'autant plus forte que depuis son mariage sa liberté de mouvements est sévèrement entravée. Le dernier regard que les deux personnages échangent est visuellement obstrué par une partie de la maison du mari. Ce cadrage illustre physiquement et symboliquement l'obstacle qui les sépare.

Le personnage a été placé sur un arrière-plan vide. On distingue à peine cette femme dans le plan, puisqu'elle occupe une place infime dans une composition très dense.

Respectant la règle d'Hitchcock, la structure qui sépare les deux personnages est très imposante. Elle est placée au centre de la partie supérieure de la composition. Le fait de couper le toit amplifie l'impact négatif de l'obstacle sur la relation qu'auraient pu entretenir les deux personnages. L'espace hors champ semble inexistant. L'obstacle est insurmontable.

Tous les éléments du plan sont bien nets. La grande profondeur de champ permet au spectateur de prendre conscience de l'espace qui sépare les personnages. Si la profondeur de champ avait été plus faible, la symbolique du plan aurait été totalement perdue.

Ce personnage est éclipsé par un environnement dense et imposant, ce qui souligne son statut inférieur dans cette famille bourgeoise. Bien que de petite taille, le personnage se détache de l'arrière-plan car il est plus sombre que le décor. Cela renforce la complexité visuelle et symbolique du plan.

L'horizon a été placé dans le tiers supérieur du garde dans un pur respect de la règle des tiers. Cela permet de remplir le cadre avec les divers bâtiments et plus particulièrement les toits des maisons (règle d'Hitchcock). L'espace restant est occupé par la maison séparant les deux minuscules personnages perdus dans le cadrage, ce qui provoque une sensation de malaise.

Cette structure située au premier plan et au centre du cadre donne de la profondeur à la composition. Cela permet de guider l'œil du spectateur vers les silhouettes des personnages situés à l'arrière-plan.

Ce petit ornement situé au premier plan permet d'ajouter de la profondeur à la composition. Il implique donc l'existence d'un espace hors champ avant le premier plan. Cette technique est utilisée pour annuler le potentiel écrasement des distances sur l'axe *z*.

considérations techniques

les objectifs

Comme le plan emblématique est fait pour susciter une interprétation de la part du spectateur en créant des connexions entre les différents éléments visuels du cadre, il est d'usage d'employer une **grande profondeur de champ**. Pour cela, il suffit de fermer le diaphragme le plus possible. Cette technique est simple à mettre en œuvre lorsque vous tournez en extérieur un jour ensoleillé. En revanche, pour disposer d'une même souplesse en intérieur, vous devez recourir à de nombreux éclairages. Lorsque vous filmez en argentique, une grande profondeur de champ en intérieur sera facile à obtenir si vous choisissez la bonne pellicule. Une autre technique consiste à équiper votre caméra d'un objectif à focale courte. Faites attention car ces objectifs génèrent souvent des déformations et modifient rapidement le **champ de vision**. Une dernière option consiste à employer un **objectif à deux dioptries** qui permet d'obtenir un premier plan et un arrière-plan parfaitement nets, tout en disposant d'une zone floue dans le plan intermédiaire. Vous pouvez également utiliser un **objectif à décentrement et bascule**. Il permet d'obtenir un plan de netteté sur les diagonales qui s'étendent sur l'axe *z*. Dans ce cas, l'organisation des éléments visuels sur cet axe devra être déterminée avec beaucoup de soin. Cela réduit considérablement vos choix de composition.

le format

Les petites ouvertures nécessaires à l'obtention d'une grande profondeur de champ imposent l'utilisation de lumières supplémentaires quand vous tournez en intérieur. En choisissant un film rapide, vous pourrez fermer le diaphragme sans trop de contraintes car ce type de pellicule est beaucoup plus sensible à la lumière que les films dits « lents ». Vous pouvez également tenter d'augmenter la distance qui sépare la caméra du sujet, afin d'obtenir une profondeur de champ plus importante. Le problème est qu'il faut suffisamment d'espace, ce qui n'est pas toujours le cas pour les scènes tournées en intérieur. L'utilisation de caméras **SD** ou **HD** est tout à fait indiquée ici. En effet, la petite taille de leurs **capteurs CCD** permet d'obtenir une grande profondeur de champ, puisque leurs objectifs sont conçus pour créer une image plus petite que celle obtenue avec un film 16 ou 35 mm.

l'éclairage

La lumière qualifie bien souvent le plan emblématique, en ce sens que l'éclairage peut avoir un impact considérable et significatif sur la composition, et solliciter l'attention du spectateur d'une manière tout à fait particulière. Les deux premiers exemples de ce chapitre le confirment. Dans l'exemple de la précédente page, la lumière naturelle est utilisée pour générer des ombres très étirées. Le réalisateur a tourné cette scène très tôt le matin ou en toute fin d'après-midi, deux moments de la journée où le soleil est très bas dans le ciel. En plus, il a capturé une lumière orangée absolument sublime. Le problème tient ici au fait que le réalisateur dispose d'un laps de temps très court pour tourner sa scène. Les films rapides permettent de tourner jusqu'au crépuscule, c'est-à-dire bien plus tard que ne le permet une caméra vidéo qui, dès que la lumière baisse, introduit un bruit numérique rendant les images quasiment inexploitables. La largeur du champ de vision rend impossible l'utilisation d'éclairages artificiels, sauf si votre production dispose d'un énorme budget pour louer ce genre de matériel. Sachez que la lumière naturelle disponible au lever ou au coucher du soleil ne dure guère plus de 20 à 30 minutes.

transgresser les règles

Bien que le plan emblématique repose sur une organisation complexe des éléments visuels, il arrive que certains réalisateurs parviennent à obtenir ce type de plan avec des compositions très simples. Dans ce plan moyen, extrait du film Le silence des agneaux *de Jonathan Demme (1991), Clarice Starling (Jodie Foster) entre dans un ascenseur rempli d'agents du FBI. Ce plan établit un contraste visuel frappant car il ne regroupe que des hommes de grande taille portant des vêtements identiques, et se tenant tous à peu près de la même manière, et Clarice, qui est le point focal de la composition. Elle est placée au centre du cadre, assiégée par ces mâles. Son regard se fixe vers le ciel, tandis que ses mains sont posées au niveau de son sexe. Il s'agit là d'un élément visuel clé qui souligne la tension sexuelle qui existe entre Clarice et les hommes qui incarnent l'autorité.*

Le soliste, *Joe Wright (2009)*.

le plan abstrait

Le plan abstrait a fait son apparition dans les années 1920 avec le mouvement avant-gardiste. Il a été rarement employé par d'autres courants artistiques et cinématographiques. Toutefois, le cinéma plus traditionnel l'a parfois mis en œuvre comme dans la fameuse séquence « Stargate » du film *2001, l'odyssée de l'espace* de Stanley Kubrick. Les plans de cette séquence sont remplis de formes géométriques colorées, de textures, de motifs, de lignes, et de compositions graphiques qui sortent le film de son contenu littéral. Dans cette scène, l'abstraction est telle que personne ne sait exactement de quoi il s'agit, voire même ce qu'elle symbolise. La scène n'est pas sans rappeler le test des taches d'encres de Rorschach. Il arrive qu'un plan abstrait contienne un élément partiellement identifiable. Le plan abstrait peut aussi être mis en œuvre pour montrer un aspect fragmenté du sujet filmé. Dans ce cas, le réalisateur filme un détail visuel de manière à en complexifier l'identification. Seul un plan plus large permettra de bien apprécier l'élément en question. Ces plans sont des candidats parfaits à un **système de correspondances**. Ils traduisent des idées sous-jacentes qui ne sont pas expressément démontrées dans le film. Ces idées sont suggérées par la qualité graphique, donc esthétique de l'image. Ainsi, les plans abstraits représentent souvent des couches supplémentaires de la narration. Ils soulignent l'action qui se déroule dans une scène, les intentions d'un personnage, ou bien ils contribuent à l'élaboration d'un thème ou d'un motif visuel récurrent qui tisse davantage le canevas de votre histoire. La durée d'un plan abstrait doit être soigneusement réfléchie. En effet, son apparition tend à freiner le déroulement conventionnel de l'histoire. Avec les plans abstraits, le public devient actif. Il ne subit pas la séquence abstraite, car il doit en comprendre la signification et essayer de déterminer en quoi le plan établit des connexions avec le reste du récit. Si cette sollicitation de l'attention du public se répète ou dure trop longtemps, l'effet recherché est alors totalement annulé. Bien entendu, cet effet retors peut être compensé par la manière dont le plan abstrait est intégré au film afin de tisser la toile de l'histoire.

Nous avons un bel exemple de plan abstrait dans le film *Le soliste* de Joe Wright (2009). Il met en scène les relations qui se développent entre un journaliste du L.A. Times, Steve Lopez (Robert Downey Jr.) et Nathaniel (Jamie Foxx), un musicien surdoué sans abri qui souffre de schizophrénie. Lopez cherche le bien-être de cet homme. Il l'emmène à des répétitions du Los Angeles Symphony Orchestra. Là, le réalisateur tourne une série de plans abstraits composés de lumières très colorées qui s'animent au rythme de la musique entendue et ressentie par Nathaniel. L'idée est de communiquer les profondes et complexes connexions qui existent entre la musique, les harmonies, et la mélodie. L'ensemble de ces sensations dépasse le cadre littéral de la narration.

Le soliste *de Joe Wright (2009) contient des scènes utilisant le plan abstrait pour visualiser la subjectivité émotionnelle de Nathaniel quand il reçoit la musique. Les plans abstraits (comme ceux de* 2001, l'odyssée de l'espace *de Stanley Kubrick) suggèrent la singularité de cette connexion à la musique.*

plan abstrait

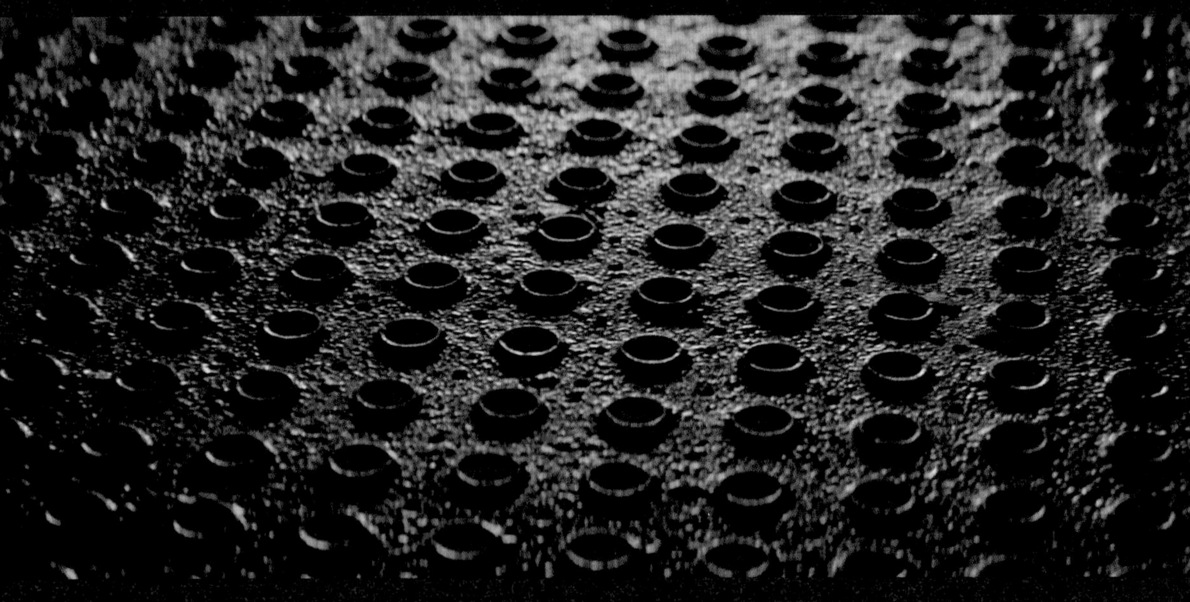

sa raison d'être

Le film *La ligne rouge* de Terrence Malick (1998) est une espèce de parabole politique de la guerre et de ses effets sur la vie des soldats au combat. Le film contient un certain nombre de plans qui montrent des détails visuels ne semblant avoir aucun rapport avec l'histoire. Pourtant, ces plans abstraits se concentrent toujours sur un aspect essentiel du lieu où se déroule l'action. Dans cet exemple, nous sommes en présence d'un plan abstrait cut qui intervient au milieu d'une conversation entre Witt (Jim Caviezel) et Hoke (Will Wallace). Au moment où Witt médite sur son futur, il focalise temporairement son attention sur l'élément représenté dans le plan ci-dessus. Cela lui rappelle son enfance. Bien que le spectateur voie cet élément pour la première fois, il déduit de sa qualité graphique une évocation de la conformité (par la répétition du motif), de la minéralité (qui contraste avec d'autres plans montrant des plantes et des animaux), et d'un côté militaire (la couleur verdâtre du métal). Ce plan abstrait renforce le caractère philosophique de l'histoire développée dans ce film.

L'éclairage des objets filmés demande autant d'attention que celui des personnages. Les jeunes réalisateurs ont souvent tendance à l'oublier. Dans ce plan, la source d'éclairage épouse un angle qui permet de mettre en valeur la texture de cette pièce métallique. Cela crée un plan abstrait à l'esthétisme très intéressant.

L'angle de prise de vue de ces grilles métalliques amplifie l'axe *z* du cadre et induit l'existence d'un espace hors champ. Cette technique est communément utilisée pour ajouter de la profondeur et pallier l'absence de relief propre aux images bidimensionnelles.

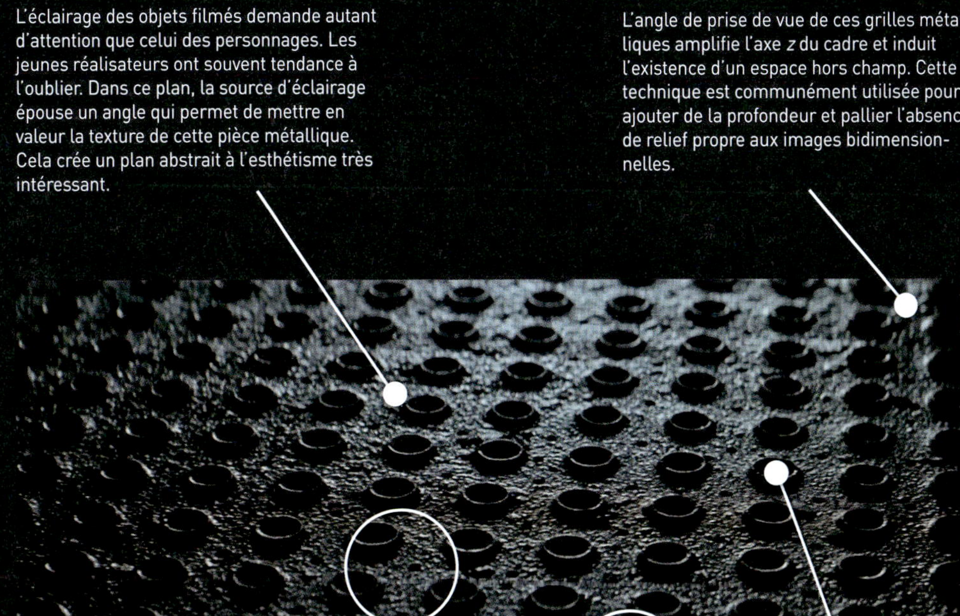

Parfois, la lumière ne suffit pas à révéler convenablement la texture de l'objet filmé. Pour pallier ce problème, il suffit d'appliquer un agent liquide pour que la texture soit beaucoup plus visible. Cela explique pourquoi de nombreuses scènes

Les trois profondeurs de champ focalisent l'attention du spectateur au centre du cadre. Cela ajoute une dimension mystérieuse et donne une certaine ambiguïté à l'élément sur lequel le public concentre son attention. Ainsi, le réalisateur

La composition de ce plan ne permet pas au spectateur d'identifier précisément ce qu'il est en train de regarder. En effet, aucun détail visuel ne peut servir de référence objective à la narration, que ce soit par sa taille ou par son emplacement dans la

considérations techniques

les objectifs

Le plan abstrait peut être créé à partir de diverses techniques qui combinent des objectifs, des filtres, des éclairages spéciaux, et une post-production numérique. Très souvent, le plan abstrait est tourné en **très gros plan**. Cela permet de grossir considérablement les plus petits détails (*via* l'utilisation d'un **objectif macro**). Alors, l'objet filmé devient très difficile à identifier. Une autre technique consiste à ajouter des déformations visuelles au sujet filmé. La méthode la plus simple est d'introduire volontairement un flou de l'objectif. Il suffit pour cela de ne pas faire correctement la mise au point. Cependant, cet effet peut aussi être obtenu en utilisant des objectifs spéciaux comme un **objectif à deux dioptries** ou un **objectif à décentrement et bascule**. Ces objectifs permettent de sélectionner la plage de netteté d'une portion de l'image. Alternativement, le plan abstrait peut amplifier les motifs ou les lignes présentes sur le sujet filmé. Dans ce cas, la déformation naturelle provoquée par l'utilisation d'un **objectif grand angle**, d'un **objectif normal**, ou d'un **téléobjectif** devra être anticipée pour faire l'objet d'un bon usage.

le format

Quel que soit le format, toute caméra qui filme sous un angle particulier peut créer un plan abstrait. Il est important de bien connaître les possibilités techniques de votre appareil de prise de vue. Ainsi, il vous sera possible de repousser les limites stylistiques de votre travail. Avec un matériel argentique, vous pouvez ralentir ou accélérer la vitesse de défilement du film, qui est par défaut de 24 images par seconde. Ainsi, lorsque vous réduisez la vitesse de prise de vue, les images projetées sont accélérées. Si vous combinez cette vitesse à une obturation lente, vous produisez un flou de mouvement d'autant plus visible sur les plans où le sujet est en action. C'est exactement ce que vous pouvez apprécier sur le plan extrait du film *Reconstruction* de la page suivante. Vous pouvez également mettre en œuvre un intervallomètre qui permet d'enregistrer des images à intervalles réguliers. Par exemple, la caméra enregistrera une image toutes les 10 ou 15 secondes, voire toutes les minutes. Cela crée une succession d'images complètement heurtées, dont la signification est particulièrement évocatrice. On peut en voir un exemple au début du film *Zoo* de Peter Greenaway (1985). N'oubliez pas que toutes ces techniques spéciales de prises de vues, qui reposent essentiellement sur une vitesse d'obturation relativement faible, laissent entrer davantage de lumière dans l'objectif. Pour ne pas surexposer l'image, vous devez impérativement compenser l'exposition. Si vous tournez en **HD**, la possibilité de ralentir la cadence d'enregistrement des images n'est offerte que par des caméras professionnelles ou semi-professionnelles. Si votre caméra vidéo ne permet pas de filmer de cette manière, utilisez votre appareil photo numérique et effectuez des prises de vues en rafale. Sachez également que la majorité des programmes de montage virtuel propose des essais vidéo qui permettent de réduire la cadence de lecture des images. Vous pourrez même appliquer un filtre qui les déforme. Si vous effectuez vos prises de vues en argentique, il faudra scanner le négatif pour importer les images dans un programme de montage non linéaire. Une fois les modifications numériques effectuées, vous devrez à nouveau transférer les images sur pellicule. L'ensemble de ces opérations est très coûteux.

l'éclairage

Certains plans abstraits sont entièrement composés de motifs de lumière, que le réalisateur improvise en utilisant les sources d'éclairage du lieu où se déroule le tournage. Un des plans abstraits les plus rencontrés au cinéma consiste à filmer en vitesse lente des véhicules aux phares allumés. Avec un téléobjectif, vous obtenez des lignes de lumière totalement surréalistes.

transgresser les règles

L'histoire développée par le film Reconstruction *de Christoffer Boe (2003) montre les événements étranges qui surviennent après qu'Alex (Nikolaj Lie Kaas) a quitté son amie Simone (Maria Bonneviel) pour une femme nommée Aimee (également jouée par Maria Bonneviel). Le héros de l'histoire se retrouve dans une sorte de réalité parallèle. Ce film utilise plusieurs plans abstraits, comme celui représenté ci-dessus. Il montre un tunnel tel qu'Alex le voit après qu'il a laissé sa petite amie pour retrouver Aimee. Contrairement à la plupart des plans abstraits, le contenu de l'image est parfaitement identifiable. Cependant, l'esthétisme du plan combiné à un design sonore très créatif conduit le public à se concentrer uniquement sur la forme, la couleur et la texture de l'image. Il pousse également le spectateur à essayer de comprendre la symbolique du tunnel ainsi représenté (s'agit-il de la galerie d'un ver, ou d'un tunnel permettant d'accéder à un univers parallèle ?). Le spectateur se détache aisément du contenu réel et littéral du plan.*

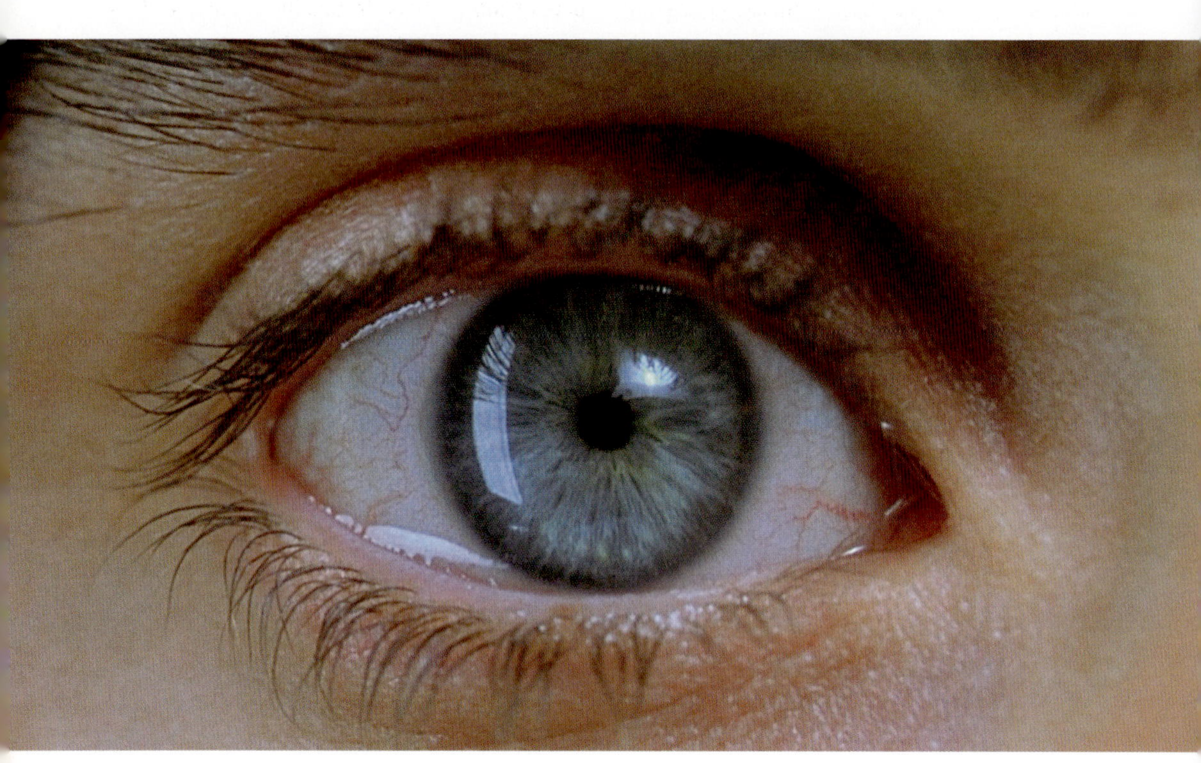

Requiem for a dream, *Darren Aronofsky (2000)*.

le plan macro

Tous les plans macros sont de **très gros plans**. En revanche, tous les très gros plans ne sont pas des plans macros. La qualification de plan macro dépend du niveau de grossissement de l'image. Par exemple, si vous utilisez un objectif à focale fixe, la proximité du gros plan sera limitée par la **profondeur de champ** obtenue en utilisant la plus courte distance de mise au point permise par l'objectif. Elle sera d'environ 30 cm. Un objectif macro est un objectif spécial conçu pour faire une mise au point sur des distances très faibles, c'est-à-dire de 5 cm au plus. Ce type d'objectif est idéal pour capturer des détails extrêmement petits. À l'instar des **gros plans** et des très gros plans, la proximité créée par les plans macros génère un impact visuel extrêmement puissant. Le spectateur effectue alors certaines déductions narratives (comme peut en provoquer la **règle d'Hitchcock**). Par conséquent, l'utilisation d'un plan macro doit toujours être justifiée, par exemple pour montrer un objet dont l'importance dans l'histoire ne semble pas du tout déterminante *a priori*. En revanche, cette importance sera dévoilée beaucoup plus tard. Une autre utilisation du plan macro consiste à le laisser à la fin d'une succession de plans dont les échelles sont variables. En introduisant ce plan macro à la fin de cette série, vous amplifiez la sensation de tension, ou bien l'importance de la scène. Bien entendu, le très haut niveau de grossissement d'un plan macro permet de détailler des textures et des motifs impossibles à apprécier en taille réelle. Très souvent, le contenu d'un plan macro ne peut pas être identifié par les spectateurs. Donc, ce plan est idéal pour concevoir des **plans abstraits** qui n'ont pas d'incidence directe sur l'action d'une séquence particulière. En revanche, ces plans abstraits feront partie d'un **système de correspondances**. Parfois, la qualité graphique d'un plan macro permet de provoquer un questionnement dans l'esprit du spectateur car il ne parvient pas à en identifier le contenu. Ensuite, une série de plans plus larges vont finalement lui révéler le sujet filmé. Du fait de leurs exigences techniques, les plans macros disposent d'une faible profondeur de champ. Cela limite sévèrement les mouvements du sujet dans le cadre.

Le réalisateur Darren Aronofsky a employé des plans macros dans son film *Requiem for a dream* (2000) comme éléments de minimontages qui montrent l'expérience vécue par un homme sous l'influence de drogues psychotropes. Les plans macros (ci-contre) qui montrent la dilatation d'une pupille sur un laps de temps très court sont combinés avec d'autres très gros plans de dollars, du flux sanguin dans une veine, de diverses drogues en poudre, et d'une bande-son très créative. Ces plans macros, intelligemment montés dans le film, permettent au réalisateur de montrer au spectateur des images qui lui sont familières, mais qui lui paraissent ici totalement inhabituelles du fait du haut niveau de grossissement appliqué. Cela crée une métaphore visuelle de l'injection de drogue dans le corps humain. Les plans macros sont techniquement complexes à réaliser, mais ils produisent des images mémorables avec un niveau de détail impossible à obtenir sur une autre échelle de plan.

Le film Requiem for a dream *de Darren Aronofsky (2000) utilise une série de plans macros d'une pupille dilatée afin de montrer les effets de l'usage de psychotropes. Seul un plan macro permet de capturer autant de détails.*

sa raison d'être

Les plans macros capturent des détails extrêmement petits du sujet, révélant ainsi ses textures et ses motifs, ce que même un très gros plan ne saurait faire. Cette proximité avec le sujet filmé permet d'amplifier l'intérêt visuel des objets, des actions, et des détails d'un personnage. *De facto*, le plan macro génère chez le spectateur une attente narrative très importante. Le film *Into the wild* de Sean Penn (2007) suit le désespoir de Chris McCandless (Emile Hirsch), qui lutte pour survivre dans les étendues sauvages de l'Alaska. Tout au long du film, nous voyons le personnage percer des trous supplémentaires dans sa ceinture. Cette action symbolise une perte progressive de poids. À chaque nouveau trou, le plan fait sur la pointe du couteau entaillant le cuir est de plus en plus serré. Comme le dernier trou qu'il fait est d'une importance capitale, le réalisateur nous le montre en plan macro. Il deviendra alors impossible de montrer un trou supplémentaire. Par conséquent, le spectateur peut en déduire que le héros est dans une situation extrême.

La lame est centrée dans le cadre. Elle a donc un impact visuel très important. Ici, la règle des tiers n'est pas respectée afin de donner plus de puissance et de symbolique à l'image. Cela renforce la tension présente dans la scène.

Le plan macro peut révéler de nombreux détails. C'est le cas ici de toutes les marques gravées dans le cuir. Cet accessoire est l'un des plus importants du film car il permet d'évaluer les chances de survie du personnage.

L'arrière-plan ne correspond pas à celui que l'on a pu voir dans les plans plus larges de cette scène. Toutefois, le changement brutal d'échelle de plan (passant d'un plan moyen à un plan macro) combiné à une profondeur de champ très faible, à la rapidité du montage, et à un contenu dramatique très puissant, ne permet pas au spectateur de voir cette rupture de continuité.

La profondeur de champ d'un plan macro est extrêmement faible. Donc, le positionnement des éléments dans la plage de netteté est très sensible. Ici, la netteté est faite sur la pointe de la lame creusant un trou dans le cuir.

La ceinture est cadrée de telle sorte qu'elle traverse diagonalement le champ. Cela implique de facto l'existence d'un espace hors champ et ajoute de la profondeur au plan en accentuant les distances sur l'axe *z*.

considérations techniques

les objectifs

Le choix de l'objectif va dépendre du format de la prise de vue. Il existe de nombreux objectifs macro pour les caméras **16 mm** et 35 mm. En revanche, avec les formats **HD** semi-professionnels, vous disposez de convertisseurs qui s'installent directement sur l'objectif d'origine de la caméra. Si vous équipez une caméra HD avec un **adaptateur 35 mm**, n'importe quel objectif macro conçu pour la photographie fera l'affaire. Par conséquent, si vous filmez avec un appareil photo numérique, vous pouvez utiliser sans souci sa position macro. Sachez cependant que tous les objectifs macros n'ont pas la même qualité. En fonction des besoins de votre plan, et notamment en termes de qualité d'image et de degré de grossissement, vous serez peut-être obligé d'utiliser un objectif macro spécialement conçu pour ce type de prise de vue. Évidemment, cet objectif spécial est plus onéreux que les autres. L'autre avantage d'un objectif macro est que son barillet indique le niveau de grossissement. Ainsi, un facteur de1:1 signifie que le sujet cadré est en taille réelle. Un facteur de 1:2 signifie que l'image est capturée à la moitié de sa taille réelle. Ce type d'objectif indique également la distance de mise au point, ce qui simplifie les calculs d'exposition. Comme le plan macro nécessite une très grande proximité de la caméra par rapport au sujet, la **profondeur de champ** s'en trouve excessivement réduite. Par conséquent, la mise au point se révèle très difficile à faire quand le sujet filmé effectue de tous petits mouvements. Pour augmenter sensiblement la profondeur de champ, fermez davantage le diaphragme comme cela est expliqué un peu plus loin.

le format

Si vous filmez avec une caméra **HD** semi-professionnelle, vous devez disposer d'un éclairage suffisant pour obtenir une profondeur de champ plus importante. En effet, il vous est impossible d'augmenter la sensibilité d'un **capteur CCD** (sauf si vous décidez de sacrifier la qualité de l'image en augmentant le gain, donc en introduisant du bruit). Si vous équipez votre caméra HD d'un **adaptateur 35 mm**, vous perdrez un certain nombre de diaphs, ce qui limitera la quantité de lumière entrant dans l'objectif. Il est alors étrange de constater qu'une caméra HD grand public dispose d'un mode macro intégré. Il vous suffit d'activer ce mode pour pouvoir faire une mise au point correcte, alors que l'objectif se trouve très près du sujet. L'inconvénient est que leur format HD compresse énormément l'image. Il devient très compliqué de monter correctement ces images sur un système de montage virtuel sans être obligé de les transcoder préalablement dans un autre format. Enfin, pour apprécier correctement le niveau de netteté d'un plan macro, il est indispensable de disposer d'un retour sur moniteur LCD. En effet, l'écran LCD d'une caméra est bien trop petit pour un rendu fidèle.

l'éclairage

Dans certains cas, la profondeur de champ d'un plan macro est si faible qu'il est impossible d'en mesurer la plage. De ce fait, les plus petits mouvements du sujet ou le moindre bougé de caméra peuvent décaler la zone de netteté. Pour éviter cela, vous devez augmenter la profondeur de champ autant que possible. Dans ce cas, il faut fermer davantage le diaphragme. Or, cela réduit la quantité de lumière entrant dans l'objectif. Pour pallier ce problème, vous êtes obligé d'ajouter des sources d'éclairage. Toutefois, sachez que, même dans ces conditions, la profondeur de champ restera faible. Cependant, cette légère augmentation facilitera la mise au point. Gardez également à l'esprit que la proximité de la caméra risque de projeter l'ombre de l'objectif sur le sujet filmé. De ce fait, vous ne disposez pas d'une totale liberté pour placer vos éclairages. Il est alors recommandé d'utiliser des sources de lumière diffuse.

transgresser les règles

La première séquence du film Bienvenue à Gattaca *d'Andrew Niccol (1997) diffuse un générique sur une série de plans macros. Ils montrent en détail des rognures d'ongles, des cheveux rasés, des peaux mortes tombant au ralenti sur le sol. Ces éléments sont d'une importance capitale dans un monde où la moindre trace organique permet d'identifier un individu. Un monde où toute personne qui n'a pas été génétiquement modifiée avant sa naissance est considérée comme « invalide ». Certains des plans ne sont pas macros. Ainsi, les peaux mortes sont simulées par de gros morceaux de plastique filmés à la cadence de 360 images par seconde. Ce ralenti extrême donne l'impression qu'il s'agit d'éléments organiques très légers. Cette simulation est bien plus puissante que ce qui aurait été obtenu avec un objectif macro traditionnel. L'utilisation d'une très faible profondeur de champ permet de ne pas faire la différence entre ces morceaux de plastique et les autres éléments de cette séquence réellement filmés en macrophotographie.*

La conversation, *Francis Ford Coppola (1974).*

le plan zoom

Le plan zoom a été introduit au cinéma à la fin des années 1950. En effet, c'est à cette époque que sont apparus les premiers objectifs dont on pouvait modifier **la longueur de focale** sans changer de matériel. Les réalisateurs disposaient alors d'un **champ de vision** dynamique. La différence entre un zoom et un travelling est la suivante : le **travelling** est un déplacement de la caméra dans l'espace alors que le zoom n'est rien d'autre qu'un travelling optique, c'est-à-dire sans mouvement de caméra. Il maintient donc une perspective constante, et ce de la position **grand angle** à la **position téléobjectif**. Avec un travelling (ou une dolly), la perspective ne reste pas constante, puisque la caméra opère un déplacement vers l'avant ou vers l'arrière. C'est pour cette raison que le spectateur fait visuellement la différence entre un zoom et un travelling. L'effet obtenu n'est pas du tout le même. La principale fonction d'un zoom est de modifier la composition du plan au fur et à mesure de son déroulement. Il permet d'inclure des éléments qui se trouvaient hors cadre, et d'exclure des objets qui étaient préalablement visibles dans la composition. Cela permet au spectateur de se concentrer sur un seul élément à la fois. Le changement de longueur de la focale peut être réalisé manuellement en tournant la bague de l'objectif. Bien entendu, il existe des zooms motorisés qui sont actionnés par un opérateur. Il est là pour en contrôler la vitesse. On parle alors de zoom électrique variable. Un zoom peut être fluide et stable, ou bien rapide et instable. Bien entendu, il peut également être rapide et stable ou fluide et instable. Toutes les variantes sont possibles. Toutefois, l'instabilité du changement de la longueur de la focale intervient généralement lorsque la scène est tournée caméra au poing. Dans ce cas, les erreurs de cadrage et les réglages à la volée font partie du langage visuel exprimé par ce type de plan bien particulier. Ce langage visuel a longtemps été l'apanage du documentaire, genre de film dans lequel l'opérateur doit être réactif afin de filmer l'action au moment où elle survient. Dans la mesure où le zoom modifie radicalement le cadrage d'une scène, et qu'il faut du temps pour effectuer cette mise au point particulière, le plan zoom est souvent couplé à un plan séquence. En d'autres termes, sa durée est beaucoup plus longue qu'un plan fixe traditionnel. Il peut également arriver que le plan zoom soit découpé en plusieurs petits plans au montage. Ainsi, le spectateur avance de manière chaotique dans le déroulement de la séquence, ce qui ajoute un niveau de tension et de sensation de danger à la scène.

Un exemple classique de plan zoom nous est donné par la séquence d'ouverture du film *La conversation* de Francis Ford Coppola (1974). Ici, un **plan général** en plongée de Union Square à San Francisco nous est montré, tandis que la bande-son diffuse des fragments d'une conversation secrètement enregistrée dans ce même quartier. Commence alors un zoom lent et fluide. Il se termine sur une cible bien précise : Harry Caul (Gene Hackman), un expert en surveillance à qui l'on a demandé d'enregistrer la conversation d'un couple préparant un adultère. Le zoom très lent couplé à la bande-son de la conversation en cours d'enregistrement rend le spectateur complice de cet acte d'espionnage, qui introduit clairement les thèmes centraux de ce film.

La séquence d'ouverture du film La conversation *de Francis Ford Coppola (1974) recèle la première utilisation d'un objectif zoom contrôlé électroniquement. Elle montre un plan qui révèle progressivement le personnage central du film, Harry Caul (Gene Hackman).*

sa raison d'être

Lorsque la longueur de la focale d'un plan zoom change brutalement, le spectateur ressent une sensation d'urgence, de tension et de danger. D'ailleurs, il s'attend à des réglages rapides, à des compositions instables, et à une perte de netteté momentanée des sujets filmés. Toutes les imperfections font partie du style de ce type de plan. Le spectateur a l'impression d'être témoin de la scène. Dans l'exemple ci-dessus, extrait du film *La mort dans la peau* de Paul Greengrass (2004), Jason Bourne (Matt Damon) vient de découvrir que quelqu'un a été envoyé pour venir chercher sa fiancée Marie (Franka Potente), afin de la soustraire à une menace. Le plan zoom est tourné rapidement et de manière instable. Il passe de Marie, située au premier plan, à Jason, assis dans une voiture à l'arrière-plan, ce qui a pour effet de souligner le caractère d'urgence et amplifie la tension de ce moment particulier de l'histoire.

Ce sujet est placé dans le cadre selon la règle des tiers. Cela crée une composition dynamique qui ajoute un très fort niveau de profondeur sur l'axe *z*. Notez que le cadrage du haut de la tête respecte parfaitement les impératifs de la règle des tiers.

Comme la distance qui sépare la caméra du personnage situé au premier plan est très courte, la profondeur de champ du plan est fortement réduite. De ce fait, Jason, à l'arrière-plan, est totalement flou. Comme le zoom va se centraliser sur ce personnage précis, l'opérateur devra effectuer la mise au point à la volée. Il en résultera une instabilité de la composition.

La composition du plan est très précise. Elle fait en sorte que la voiture située à l'arrière-plan occupe une zone du cadre située dans l'axe du personnage vu au premier plan. Le zoom rapide effectué à la volée donne au spectateur l'impression que l'action intervient en temps réel, sans aucune préparation.

Le fait d'inclure le front de ce personnage n'est pas une erreur. Il agit comme un repoussoir guidant alors l'œil du spectateur vers le personnage situé à l'arrière-plan de la composition. Cela ajoute également de la profondeur au cadrage en impliquant l'existence d'un espace hors champ.

Le réalisateur crée ici un cadre dans le cadre en montrant le personnage à travers la vitre de la voiture. Cela permet de le mettre en évidence, alors qu'il n'est pas dans la zone la plus lumineuse de la composition.

La position de l'acteur dans le cadre laisse beaucoup trop d'espace au-dessus de la tête de son personnage. Toutefois, cette erreur est respectée et comprise, dans la mesure où le zoom s'effectue rapidement, donnant ainsi au plan le style que l'on attend de lui, c'est-à-dire un style documentaire qui augmente l'intensité dramatique et la tension de la scène.

considérations techniques

les objectifs

Les **objectifs zoom** proposent plusieurs valeurs qui permettent de jouer avec différentes **longueurs de la focale**, et ce pendant la prise de vue. Vous devez impérativement savoir qu'un objectif zoom contient beaucoup plus d'éléments internes qu'un objectif à **focale fixe**. Par conséquent, il est plus lent et nécessite donc des conditions d'éclairage optimales. Cela pose un sérieux problème lorsque vous filmez un extérieur nuit, ou bien un intérieur éclairé par des lumières artificielles. À moins que vous n'utilisiez un objectif de très grande qualité, l'image produite par un objectif zoom sera moins belle que celle obtenue avec un objectif à focale fixe. En revanche, un bon zoom peut être utilisé à la place de plusieurs objectifs à focale fixe. Grâce au zoom, vous vous focalisez sur la prise de vue sans perdre de temps à changer d'objectif. Si votre caméra est installée sur un trépied, il existe une technique très simple pour maintenir la netteté tout au long de la plage de zoom. Elle consiste à zoomer sur le sujet et à faire la mise au point avec cette longueur de focale. Ensuite, vous replacez le zoom en position grand angle, pour commencer la prise de vue, et vous effectuez votre zoom avant. La netteté sera ainsi maintenue tout au long du zoom. Si vous filmez caméra au poing, un assistant devra se charger de tourner la bague de mise au point (il faut pour cela qu'elle soit équipée d'une poignée qui facilite sa manœuvre). Il existe des solutions plus coûteuses. L'une d'elles consiste en un système de mise au point sans fil, qui permet à l'opérateur d'effectuer son travail à distance. Il existe également des poignées qui facilitent la variation de la longueur de la focale. En effet, dans certaines circonstances, le zoom est tellement puissant que votre poignet ne permet pas de tourner entièrement la bague de variation du zoom. Vous devez donc vous y reprendre à deux fois, ce qui perturbe la stabilité de la prise de vue. Avec un équipement spécial, vous pourrez sans problème parcourir toute la plage focale en tournant la bague de zoom.

le format

La plupart des caméras **SD** et **HD** sont équipées d'un zoom. Malheureusement, les éléments optiques d'un tel objectif zoom, couplés à un **capteur CCD** dont la sensibilité est très faible, ne facilitent pas la prise de vue dans des conditions d'éclairage relativement faibles. Si vous utilisez un **adaptateur 35 mm**, la quantité de lumière traversant l'objectif se trouve réduite. Dans des situations d'éclairage extrêmes, vous devez donc utiliser des lumières supplémentaires. Quand vous travaillez en vidéo, vous bénéficiez de certains avantages : les zooms sont motorisés. Ainsi, la variation de la longueur de la focale est fluide et stable. Cerise sur le gâteau, la plupart des caméras vidéo semi-professionnelles disposent d'un zoom à vitesse variable. Pour obtenir une telle souplesse sur une caméra argentique, vous devrez installer un système de contrôle motorisé du zoom. C'est ce système qui a été utilisé pour réaliser le plan du film *La conversation* de Francis Ford Coppola.

l'éclairage

Comme les objectifs zoom sont plus lents que les objectifs à focale fixe, à longueur de focale équivalente vous aurez besoin de sources de lumière supplémentaires. Les éclairages étant onéreux, il faut bien évaluer le coût de location d'un objectif zoom : cela peut revenir plus cher que d'utiliser plusieurs objectifs à focale fixe. Toutefois, un zoom vous fera gagner du temps de tournage, dans la mesure où vous ne serez pas obligé de le démonter pour le remplacer par un autre.

transgresser les règles

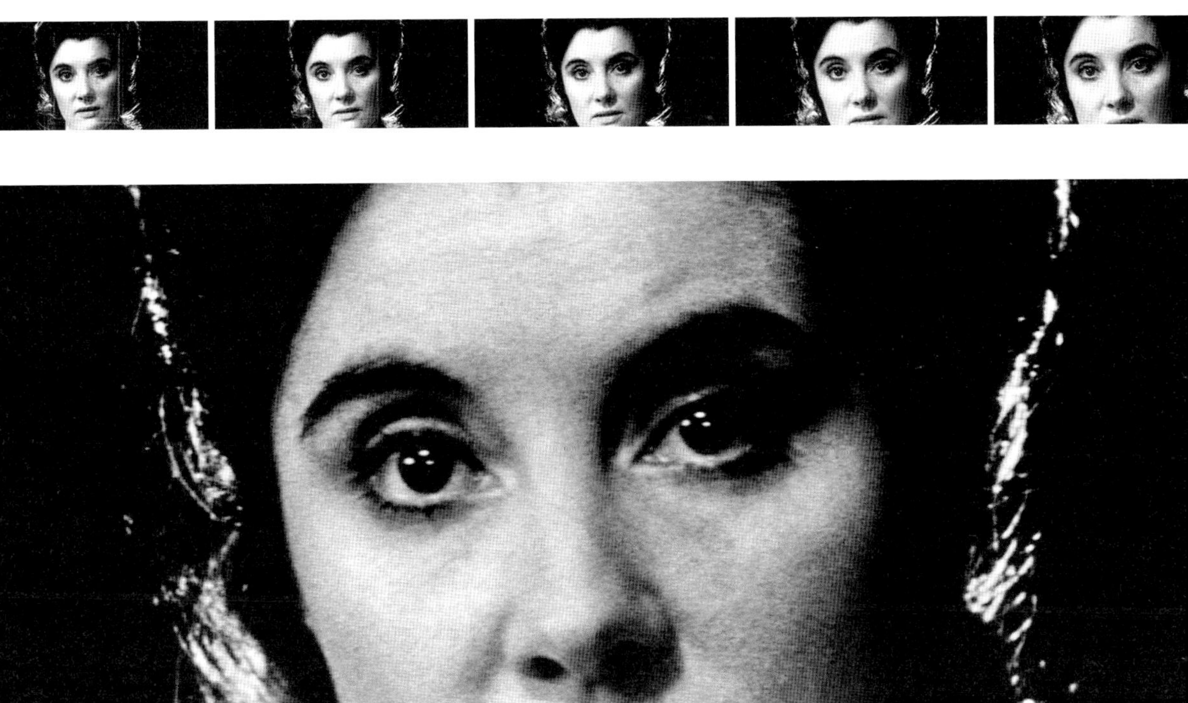

Le plan ci-dessus semble avoir été filmé avec un objectif zoom. En réalité, il s'agit d'une simulation de zoom réalisée en post-production. Qu'est-ce qui nous le prouve ? La sévère perte de qualité de l'image. Il y a une réduction de la résolution et une forte augmentation du grain. Cela tient au fait que la simulation du zoom est un procédé optique qui consiste à re-photographier toutes les images du plan. Dans cet exemple, extrait de la séquence d'ouverture du film Elephant Man *de David Lynch (1980), le grain supplémentaire introduit dans l'image devient une composante esthétique fondamentale du film. Ce grain impose une interprétation surréaliste de la naissance de l'homme-éléphant.*

Kagemusha, *Akira Kurosawa (1980).*

le panoramique horizontal

Dans un panoramique horizontal, la caméra balaie l'espace horizontalement en pivotant sur son axe. Le mouvement se fait de gauche à droite ou de droite à gauche. La caméra n'effectue aucun déplacement dans l'espace. Elle est solidement installée sur un trépied, ou fermement tenue à la main. Dans le langage cinématographique, on utilise souvent le terme « pano » pour panoramique. Le panoramique est généralement fait pour suivre un sujet qui se déplace horizontalement dans le cadre. En d'autres termes, le mouvement du sujet motive celui de la caméra. Le pano est également utilisé pour passer d'un sujet à un autre. Dans ce cas, le mouvement de la caméra n'est pas motivé par celui du sujet filmé, mais par la nécessité de maintenir une continuité narrative, dans le but de soutenir l'attention du spectateur. Il arrive également qu'un panoramique soit justifié par un personnage qui regarde hors champ. Dans ce cas, la caméra pivote sur son axe pour montrer au public ce que voit le personnage en question. Cependant, pourquoi ne pas montrer cet espace hors champ en plusieurs plans successifs ? Tout simplement parce que le panoramique permet de couvrir un aspect particulier d'une scène, tout en préservant une unité de temps et d'espace. Ainsi, le spectateur reste connecté en permanence au contenu de la séquence. Par exemple, vous effectuez un panoramique lorsqu'un personnage se déplace en direction d'un lieu particulier. Vous suivez sa progression en temps réel. Le spectateur sait ainsi combien de temps le personnage a réellement mis pour atteindre le lieu en question. Cela peut avoir une incidence importante sur la compréhension de la scène et de l'histoire. Vous établissez des relations spatiales entre le lieu, le personnage et le rôle critique que chacun peut jouer dans le récit. Le panoramique permet aussi de préserver l'intégrité de la performance d'un acteur, intégrité qui serait totalement perdue si la scène se composait de plusieurs plans successifs. Par exemple, une dispute dans un couple peut profiter dramatiquement d'un panoramique qui passera rapidement d'un acteur à l'autre. Cette technique amplifiera le niveau émotionnel de l'échange. La vitesse du panoramique peut également prendre un aspect chorégraphique. Dans ce cas, elle coïncidera avec l'intensité de la dispute qui est vécue en temps réel par le spectateur. L'ensemble de ces facteurs doit être pris en considération lorsque vous hésitez à tourner une scène avec des panoramiques ou en plusieurs plans.

Le plan ci-contre est extrait du film *Kagemusha* d'Akira Kurosawa (1980). Le réalisateur utilise un panoramique pour suivre le personnage titre (Tatsuya Nakadail). Lorsqu'il passe en revue ses troupes, il est dans un tel état d'excitation qu'il devient un leader incontesté et respecté par ses soldats. Kurosawa a décidé d'utiliser un plan panoramique afin de souligner la détermination avec laquelle le cavalier chevauche au milieu de ses troupes. Il a utilisé un téléobjectif afin de réduire le champ de vision pour focaliser l'attention sur ce personnage. Grâce à cette technique, le cavalier semble aller beaucoup plus vite que dans la réalité. En effet, le téléobjectif couplé à un panoramique amplifie l'effet des mouvements sur l'axe x.

Ce plan panoramique, extrait du film Kagemusha *d'Akira Kurosawa (1980), tire profit d'un champ de vision réduit par un téléobjectif. Cette technique accélère les mouvements sur l'axe x du cadre, accélération amplifiée par le panoramique.*

plan panoramique horizontal

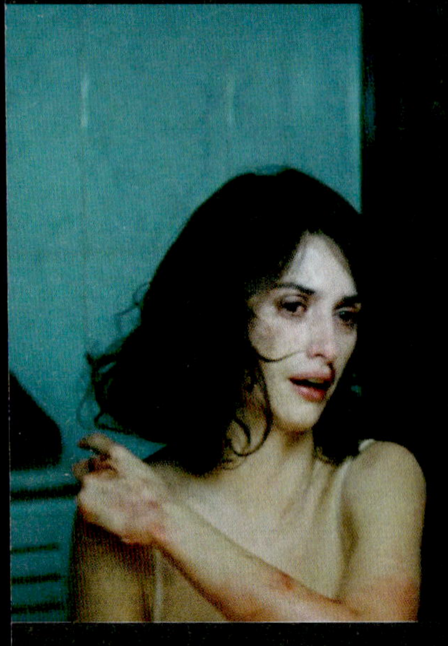

sa raison d'être

Le panoramique horizontal peut être utilisé pour maintenir l'intégrité d'une performance particulière dans une scène précise. Dans cette séquence, extraite du film *Étreintes brisées* de Pedro Almodovar (2009), Mateo (Lluis Homar) entre dans une salle de bain et y découvre Lena (Penelope Cruz), qui a été physiquement abusée par son mari, pathologiquement jaloux. Toute la scène est tournée en un plan séquence. Le réalisateur effectue un panoramique allant de Lena à Mateo au moment où il entre dans la salle de bain. Ensuite, le panoramique revient sur Lena à l'instant où l'homme voit qu'elle est couverte de bleus. Le fait de tourner cette scène avec un plan panoramique réalisé caméra au poing, plutôt qu'en effectuant un montage de plusieurs plans aux échelles différentes, ajoute un niveau élevé de tension et beaucoup de réalisme à cette rencontre. Ici, le spectateur est témoin de la scène qui se déroule en temps réel.

Le reflet est net. Comme il s'agit d'un panoramique horizontal, la netteté passe sans cesse du reflet dans le miroir au personnage en chair et en os. Si le point avait été fait une fois pour toutes sur le miroir, le sujet filmé aurait été systématiquement flou.

La position du sujet dans le miroir respecte la règle des tiers. La tête est coupée par le bord supérieur du cadre, ce qui accentue l'aspect dramatique de cette scène.

La présence du sujet au premier plan ajoute de la profondeur à la composition et attire l'œil du spectateur vers le point focal du plan, c'est-à-dire le coude de Lena, qu'elle passe sous le robinet.

La présence du personnage au premier plan donne de la profondeur à la composition et guide l'oeil du spectateur vers le point focal du plan : le bleue au coude

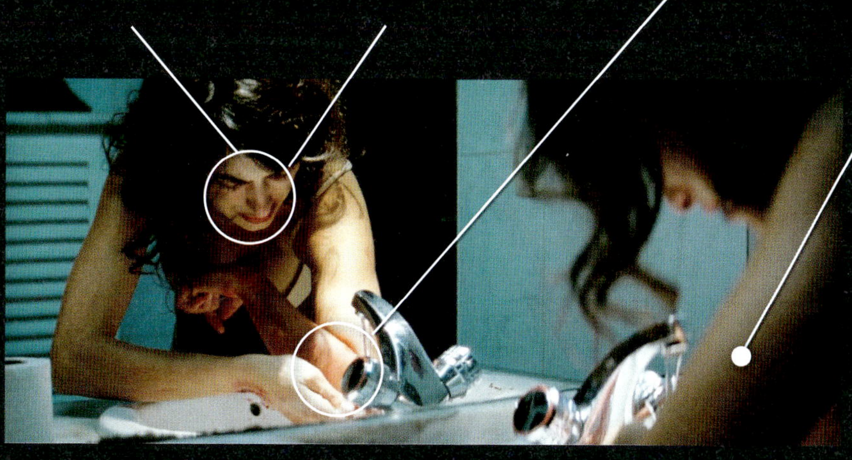

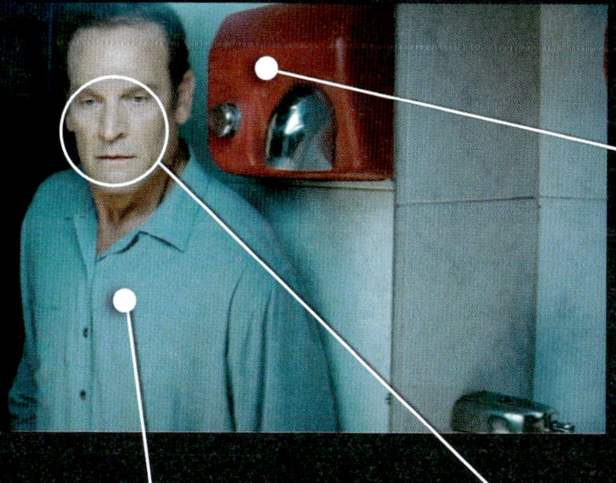

Le miroir est utilisé pour permettre au public de considérer simultanément le visage décomposé de l'homme et les blessures de la femme.

L'espace supplémentaire situé au-dessus de la tête tient à l'obligation de faire tenir l'homme dans le cadre. Bien qu'il soit toujours possible de tricher en plaçant l'acteur le plus petit sur une caisse, le réalisateur a considéré qu'il était préférable de mettre en évidence les différences de taille entre les deux protagonistes, eu égard au contexte particulier de cette scène.

La composition de la séquence passe sans montage d'un plan au-dessus de l'épaule à un plan de deux. Cela préserve l'impact dramatique de la scène et permet d'apprécier à sa juste valeur la performance des acteurs.

Pedro Almodovar est réputé pour sa direction artistique et son utilisation créative de la couleur. Dans cette scène, la salle de bain et la chemise de l'homme ont la même couleur bleu pâle. Cela symbolise probablement l'incapacité de l'homme à aider la jeune femme. La pâleur de la salle de bain contraste avec le rouge du séchoir. Cela permet de mettre en évidence les blessures de la jeune femme.

considérations techniques

les objectifs

Comme un panoramique parcourt l'espace horizontalement, le choix de la **longueur de la focale** aura un impact majeur sur la manière dont le public percevra les mouvements sur l'**axe** x. On l'apprécie par rapport aux objets immobiles situés au premier plan et à l'arrière-plan du cadre. Ainsi, un panoramique effectué avec un **objectif grand angle** donnera l'impression que le personnage se déplace plus lentement que dans la réalité. Cet effet s'explique par le fait que le **champ de vision** obtenu avec des focales courtes est beaucoup plus large qu'avec des focales longues. Si le même plan est tourné avec un **téléobjectif**, vous obtenez l'effet inverse. C'est exactement ce que nous observons sur le plan du film *Kagemusha* d'Akira Kurosawa cité au début de ce chapitre. La longueur de la focale a également une incidence sur la vitesse à laquelle vous pouvez effectuer un panoramique sans introduire d'effets stroboscopiques, comme nous l'expliquons ci-dessous.

le matériel

En règle générale, un panoramique doit être parfaitement stable. Il ne le sera pas si l'instabilité fait partie intégrante de l'esthétisme visuel de votre film. Dans ce cas, vous réaliserez le panoramique caméra au poing. Tout mouvement incohérent de la caméra attirerait immédiatement l'attention du spectateur non pas sur le panoramique, mais sur ce tremblement matériel. Par conséquent, si votre panoramique doit être fluide et stable, installez votre caméra sur un dispositif approprié. La tête (ou rotule) d'un trépied donne un contrôle très précis sur la vitesse et le mouvement d'un panoramique. La majorité des trépieds est équipée d'un mécanisme de résistance qui permet un déplacement fluide et régulier de la caméra sur son axe, ainsi qu'une inclinaison à vitesse constante. Le niveau de résistance de la tête du trépied est réglable. Ce réglage va donc permettre d'effectuer un panoramique plus rapide ou plus lent. Avant d'effectuer un panoramique, vous devez vérifier la stabilité de votre trépied. Il doit être de niveau. En règle générale, une bulle de niveau est intégrée au trépied. Elle permet de voir si le dispositif est bien droit. Il est également important de contrôler l'effet stroboscopique qui apparaît sur certains panoramiques. Cet effet dépend de la vitesse du panoramique lorsqu'il est tourné à 24 ou 25 images par seconde (soit en argentique, soit en vidéo) : à partir d'une certaine vitesse, l'effet stroboscopique apparaît. Il est d'autant plus prononcé que la longueur de la focale est importante. Il dépend également de l'angle de prise de vue. Pour éviter cet effet, il est conseillé d'effectuer le panoramique sur une durée de 5 à 7 secondes. Il existe toutefois un type de panoramique qui n'est jamais concerné par l'effet stroboscopique : il s'agit du panoramique dit «filé», qui passe brutalement d'un sujet à un autre. Sa rapidité introduit une image floue qui permet d'obtenir une transition quasi invisible d'une image à l'autre. Le panoramique filé est souvent utilisé à des fins transitionnelles entre deux scènes. Lorsque ce panoramique est utilisé à l'intérieur d'une scène pour passer rapidement d'un sujet à un autre, il accentue l'intensité dramatique sur le sujet filmé en dernier.

l'éclairage

En matière de panoramique horizontal, la **profondeur de champ** affecte la préservation de la netteté tout au long du plan. Si, pour des raisons techniques ou esthétiques, vous optez pour une faible profondeur de champ lorsque vous effectuez un panoramique d'un sujet à un autre, vous serez probablement obligé de modifier la netteté sur le second sujet filmé s'il ne se situe pas à la même distance de la caméra que le premier. La profondeur de champ ne peut être obtenue qu'en fermant davantage le diaphragme. De ce fait, vous serez obligé d'utiliser des sources d'éclairage supplémentaires pour éviter une sous-exposition de votre image.

transgresser les règles

Dans cette scène, extraite du film Hot Fuzz *d'Edgar Wright (2007), le panoramique filé est utilisé pour passer brutalement d'un sujet à un autre. Ainsi, la caméra entame un rapide panoramique lorsque Nicholas Angel (Simon Pegg), policier à Londres, vient chercher sa fiancée Janine (Cate Blanchett). Ce type de panoramique est généralement utilisé comme transition entre deux scènes. C'est alors un moyen d'amplifier l'intensité dramatique sur le sujet filmé en dernier. Dans cet exemple, un panoramique filé est utilisé pour éviter un point de montage dans la séquence. Il amplifie de facto l'intensité dramatique en se fixant brutalement sur le dernier sujet filmé.*

Solaris, *Steven Soderbergh (2002).*

le panoramique vertical

Le panoramique vertical est un déplacement de la caméra sur son axe vers le haut ou vers le bas. Il peut être réalisé avec un trépied ou caméra au poing. Ce mouvement déplace l'attention du spectateur d'une zone à une autre de la scène. En règle générale, le panoramique vertical s'effectue de bas en haut avec un élargissement progressif du cadre. Le cadrage dynamique produit par ce mouvement vertical est très souvent mis en œuvre pour un **plan de situation**. Il part d'un plan serré sur un détail d'un lieu pour se terminer en un plan beaucoup plus large montrant les acteurs dans le lieu en question. Parfois, ce panoramique vertical se termine sur un personnage qui arrive dans un lieu ou qui en part. Une autre variante de ce plan consiste à montrer un personnage, généralement après un échange avec un autre, puis d'entamer un panoramique vertical dirigé vers le haut afin de révéler l'emplacement où se déroule l'action. Cela crée le contexte (soit comique, soit ironique) dans lequel l'échange s'est déroulé. À l'instar d'un **panoramique horizontal**, le panoramique vertical préserve l'unité de temps, de lieu et de performance. Il peut donc être réservé aux phases du récit dont la signification narrative ne doit pas être perturbée par un montage alterné composé d'une série de plans. Le panoramique vertical peut être justifié par le déplacement d'un acteur ou par certains aspects de la scène, comme un personnage regardant vers le haut ou le bas. La mobilité de ce regard définit un espace hors champ. En règle générale, vous devez éviter les mouvements de caméra inutiles, qui détournent l'attention du spectateur. Cependant, il existe des circonstances dans lesquelles ce type de mouvement peut être utilisé pour créer une connexion spéciale entre deux sujets au début ou à la fin d'un panoramique vertical. Par exemple, un panoramique vertical partant d'une personne debout et au sol et se terminant sur un avion passant au-dessus de sa tête suggère un certain nombre de connexions qui dépendent du contexte de l'histoire (un rêve de départ, un désir de revenir à la maison, l'angoisse de voir son ou sa bien-aimée s'éloigner, etc.). Le panoramique vertical est beaucoup moins utilisé que le panoramique horizontal. En effet, la majorité des actions se déroule sur les **axes x** ou **z** du cadre. Il est rare qu'un échange entre deux personnes soit filmé verticalement. En effet, même quand les deux acteurs n'ont pas la même taille, le réalisateur s'arrange pour les placer sur un même plan. D'ailleurs, la plupart des plans verticaux ne sont pas remarqués par le public. Ils prennent la forme d'un léger recadrage vertical, qui intervient lorsque des personnages se rapprochent ou s'éloignent de la caméra. Le recadrage va permettre de préserver l'espace vide au-dessus de leur tête, comme l'impose la **règle des tiers**.

Dans cet exemple, extrait du film *Solaris* de Steven Soderbergh (2002), un panoramique vertical est utilisé pour établir une connexion entre un lieu et un personnage. Nous voyons ici une journée de la vie de Chris Kelvin (George Clooney), qui est atteint de troubles psychologiques. Le plan commence par un lent panoramique vertical qui part d'un plafond futuriste pour se terminer sur une séance de thérapie de groupe. Depuis la mort de sa femme, Chris est apathique. Cela est mis en évidence par la manière dont ce panoramique vertical établit une connexion entre les motifs répétitifs du plafond et des murs, et le plan moyen montrant Chris de dos. La composition du plan et les éléments du décor donnent l'impression que Chris vit dans une prison intime. Le très lent mouvement de la caméra crée un **plan abstrait**. En effet, les motifs répétitifs remplissent le cadre au début du plan. La lenteur avec laquelle Chris apparaît dans le cadre établit une très forte connexion entre le malaise qu'il ressent et les motifs du plafond et des murs.

Ce panoramique vertical, extrait du film Solaris *de Steven Soderbergh (2002), crée une connexion entre les motifs répétitifs abstraits du lieu dans lequel se déroule l'action et le mal-être de Chris Kelvin (George Clooney) après la mort de sa femme.*

plan panoramique vertical

sa raison d'être

Le panoramique vertical est souvent utilisé pour créer un plan de situation. Il introduit un lieu au moment où un personnage y arrive ou le quitte. Dans cet exemple, extrait du film *Bons baisers de Bruges* de Martin McDonagh (2008), un panoramique vertical de situation permet de montrer le lieu où sont réunis Ray (Colin Farrell, à gauche) et Ken (Brendan Gleeson, à droite), deux tueurs à gages irlandais. Le plan commence par montrer le haut de la tour. Ensuite, il effectue un rapide panoramique vertical descendant qui se termine sur les deux personnages. Bien que ce panoramique vertical paraisse sans incidence majeure sur la narration, il prend de l'importance tout au long de l'histoire. En effet, à un moment du récit, l'un des personnages sautera du haut de cette tour. Vous comprenez alors que ce panoramique vertical préalable était une projection du suicide, et qu'il faisait partie du système de correspondances mis en œuvre par le réalisateur.

Le fait de placer la tour au centre du cadre crée une composition symétrique qui souligne son importance éventuelle dans l'histoire. Bien entendu, l'application de la règle des tiers aurait créé un plan plus dynamique. Mais dans ce cas, le panoramique vertical n'aurait pas permis de créer une ligne directe de haut en bas, ce qui aurait porté atteinte à la connexion clairement établie entre cette tour et les personnages cadrés à la fin du plan.

Le panoramique vertical commence par une forte contre plongée. Elle simule le point de vue d'une personne qui regarde vers le haut de la tour. Ce cadrage amplifie l'inclinaison révélée par le panoramique vertical.

Dès que la caméra entame son panoramique vertical, l'espace réel est préservé. Par conséquent, la hauteur de la tour est largement amplifiée. Ce point narratif n'aurait jamais pu être traduit par le montage de deux plans successifs en lieu et place du panoramique vertical.

Le panoramique vertical se termine sur le cadrage de deux personnages en plans rapprochés. Nous sommes ici en présence d'une composition équilibrée. L'échelle de plan permet au spectateur de focaliser son attention sur les expressions des deux visages, et sur le langage corporel des acteurs.

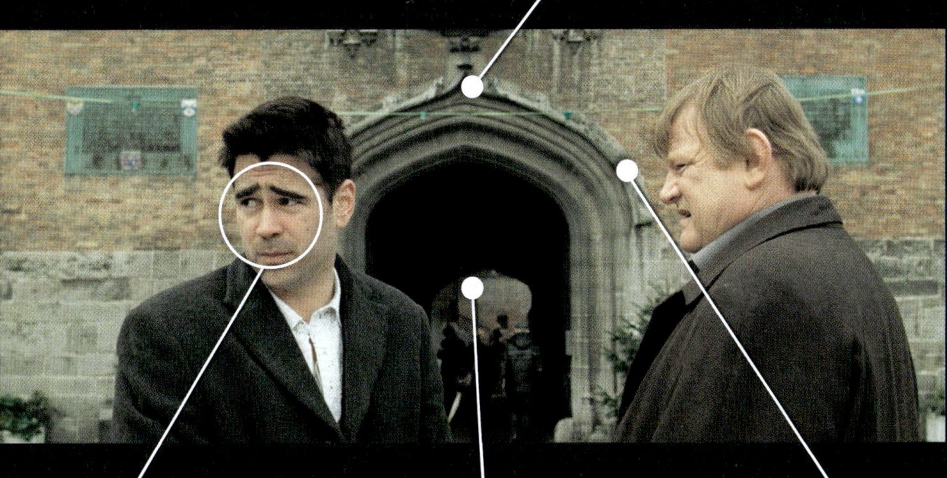

Un objectif grand angle aurait déformé la perspective sur l'axe *z* dès le début du panoramique. La tour serait apparue beaucoup plus haute qu'elle ne l'est en réalité, et le panoramique vertical aurait été beaucoup plus accentué. À la fin du plan, le grand angle aurait déformé les personnages. Pour éviter cela, une longueur de focale sensiblement plus longue a été utilisée.

Le panoramique vertical établit une connexion visuelle entre la tour et les personnages. En effet, il anticipe un événement qui interviendra plus tard dans l'histoire, donnant alors toute sa signification narrative à ce mouvement de caméra.

Les deux personnages respectent approximativement la règle des tiers (cette puce montre la position du point de jonction supérieure droit de la cellule centrale). La proportion d'espace vide au-dessus des têtes est parfaite pour un plan de ce type. Comme l'un des deux personnages est plus grand que l'autre, il détermine la quantité d'espace vide laissé au-dessus de la tête du personnage le plus petit.

considérations techniques

les objectifs

La perception du mouvement vertical de ce type de panoramique sera grandement affectée par le choix de la **longueur de focale**. Avec un **objectif grand angle**, les mouvements sur l'axe *x* apparaissent beaucoup plus lents qu'ils ne le sont en réalité. Par conséquent, un **téléobjectif** les rend beaucoup plus rapides. La même observation peut être faite pour l'axe *y*. L'utilisation la plus répandue d'un panoramique vertical consiste à créer un plan de situation. Ce plan peut montrer un ou plusieurs personnages. Dans ce cas, la longueur de la focale doit être choisie en fonction de l'impact dramatique que peut produire la déformation optique d'un grand angle ou d'un téléobjectif. Par exemple, vous pouvez choisir un objectif grand angle pour montrer un immeuble. Ainsi, le bâtiment paraîtra plus grand et plus imposant qu'il ne l'est en réalité. En revanche, si vous employez un téléobjectif, le même bâtiment semblera beaucoup plus petit, donc moins imposant.

le matériel

Comme tout plan dynamique et tout mouvement de caméra, le panoramique vertical peut être fluide et régulier. En d'autres termes, il ne comporte pas de mouvements d'appareil. Pour cela, vous utiliserez un trépied professionnel équipé d'une tête fluide et d'un mécanisme de résistance qui permet de contrôler la vitesse de déplacement de la caméra sur son axe. Par exemple, pour le rapide panoramique vertical du film *Bons baisers de Bruges*, il était préférable de privilégier la rapidité à la stabilité, de manière à symboliser la chute d'un corps telle qu'elle se produirait plus tard dans le film. En revanche, dans *Solaris*, l'utilisation d'un mécanisme de résistance permet d'obtenir un panoramique vertical fluide et lent. Cette vitesse révèle l'inertie de la vie du personnage principal depuis la mort de sa femme. Il est important que le trépied sur lequel est installée la caméra soit parfaitement de niveau avant d'entamer le panoramique. Si vous ne veillez pas à cela, la caméra se déplacera progressivement vers l'un des bords du cadre. Vous devez donc surveiller la position de la bulle de niveau qui équipe la plupart des trépieds professionnels et semi-professionnels. La vitesse à laquelle le panoramique vertical est exécuté risque d'introduire un effet stroboscopique exactement comme nous l'avons spécifié pour un **panoramique horizontal**. Le problème est que la technique utilisée pour éviter cet effet sur un panoramique horizontal ne peut pas être appliquée à un panoramique vertical : la règle des 5 à 7 secondes pour parcourir toute la largeur du cadre n'est pas applicable. Un panoramique vertical exige la prise en compte du **rapport hauteur-largeur** de votre format de prise de vue. Si ce rapport est égal à 1.78:1, la durée du panoramique doit être de 2,8 secondes pour éviter l'effet stroboscopique. Vous devez également veiller à la répartition uniforme du poids de la caméra sur la tête du trépied. Cette répartition est plus sensible lorsque vous utilisez des zooms et/ou des batteries relativement lourds. La plupart des trépieds professionnels sont équipés d'un plateau mécanique qui permet d'avancer ou de reculer la caméra afin de répartir correctement son poids. Soyez très prudent car une caméra déséquilibrée risque de faire chuter le trépied.

l'éclairage

Bien que le panoramique vertical soit moins fréquent que le panoramique horizontal, vous serez parfois confronté à des situations où vous aurez besoin de faire un panoramique vertical très rapide. Pour ne pas être obligé de modifier la netteté entre le plan de départ et le plan d'arrivée, utilisez une **grande profondeur de champ**. Comme elle dépend de la fermeture du diaphragme, vous devrez emploierez des sources d'éclairage supplémentaires. Or, l'un des problèmes posés par le panoramique vertical est qu'il risque d'introduire des halos dans l'objectif. Cela impose l'utilisation de drapeaux qui vont bloquer la lumière. Si vous n'utilisez pas de drapeaux, il faudra contrôler très précisément le déplacement de la caméra afin de ne pas filmer les éclairages. Dans certains cas, le halo fait partie de la stratégie visuelle et esthétique du plan. Inutile alors de chercher à l'éviter.

transgresser les règles

Dans ce superbe plan, extrait du film Les ailes du désir *de Wim Wenders (1987), un panoramique vertical est combiné à un mouvement réalisé à la dolly. Le resserrage du cadre permet d'isoler Cassiel (Otto Sanders), un ange qui réconforte les âmes perdues. Dans ce plan, le pano est réalisé avec la dolly, créant ainsi une composition poétique qui donne l'impression que l'ange tombe du ciel.*

Ratcatcher, *Lynne Ramsay (1999).*

la dolly

La dolly est un dispositif qui permet de déplacer la caméra dans l'espace en la fixant sur un plateau équipé de roues. La dolly peut être utilisée sur n'importe quelle surface plane. Le mouvement d'appareil obtenu avec ce dispositif se rapproche considérablement d'un **plan zoom**. En effet, il provoque une altération des distances sur l'**axe z**. Dans un plan zoom, la caméra est statique. C'est l'évolution progressive de la **longueur de la focale** qui simule une variation des distances sur l'axe *z*. Dans un plan réalisé à la dolly, la caméra se déplace physiquement dans l'espace, alors que la longueur de la focale reste constante. De ce fait, le public a réellement l'impression d'un déplacement physique sur l'axe *z*. La dolly permet de réaliser des plans qui révèlent, dissimulent, ou soulignent une action ou une situation. En règle générale, la dolly est utilisée pour effectuer un « travelling avant ». La caméra se rapproche du visage d'un personnage afin de révéler au spectateur une émotion particulière. Souvent, un plan à la dolly est un plan séquence. Cela permet d'intensifier la tension, le suspense et l'intensité d'un moment en gardant une unité de temps. La composition dynamique qui en résulte accentue l'instant en question. L'ajout d'un tel contexte narratif ne pourrait pas être obtenu avec une série de plans successifs. La dolly est aussi utilisée pour effectuer un « travelling arrière ». Dans ce cas, la caméra part d'un personnage et recule lentement afin de révéler le lieu dans lequel se déroule l'action. Le personnage apparaît de plus en plus petit dans le cadre. Symboliquement, il perd de son assurance, de sa puissance, avec une augmentation parallèle de sa solitude ou de son désespoir. La dolly est également utilisée pour révéler un aspect fondamental d'une scène. Le spectateur participe à la confrontation du personnage et de ladite révélation. La composition dynamique met en évidence l'importance narrative de cette découverte, et permet donc au public de la vivre en temps réel. Du fait de leur puissance visuelle et de leur force narrative, les plans à la dolly doivent être utilisés avec précaution. Réservez-les à des moments précis de l'histoire, c'est-à-dire des moments où le public doit créer une solide connexion avec une situation ou avec un personnage.

Un excellent exemple de l'utilisation de la dolly nous est donné par une scène du film *Ratcatcher* de Lynne Ramsay (1999). Ce film raconte l'histoire déchirante d'un garçon de 12 ans, James (William Eadie), qui a grandi dans les années 1970 dans un quartier très pauvre de Glasgow. Après avoir fugué en prenant un bus, il arrive dans une région campagnarde idyllique. À l'intérieur d'une des maisons, la caméra avance lentement vers une fenêtre au fur et à mesure que James s'en approche. Le mouvement de caméra continue au moment où James saute par la fenêtre, créant alors une des images surréalistes les plus belles du cinéma. Le mouvement progressif de la dolly révèle l'immensité de la campagne, et permet au public de ressentir profondément les mêmes choses que le jeune garçon, c'est-à-dire l'un des instants les plus importants de la vie de James.

Dans le film Ratcatcher *de Lynne Ramsay (1999), un plan à la dolly souligne visuellement la beauté d'un instant surréaliste dans la vie de James, un garçon de 12 ans issu d'un quartier pauvre de Glasgow.*

plan à la dolly

sa raison d'être

La dolly est généralement utilisée pour effectuer des « travellings avant ». Le déplacement de la caméra dans l'espace permet d'aller chercher un personnage en gros plan. C'est exactement ce que nous pouvons apprécier sur ces quelques photos illustrant un plan à la dolly du film *Les aventuriers de l'arche perdue* de Steven Spielberg (1981). Indiana Jones (Harrison Ford) n'a pas réussi à sauver Marion (Karen Allen). Il la croit morte. Se posant beaucoup de questions, Indiana se sent désemparé et incapable d'assumer les conséquences réelles de ses aventures. Grâce à un plan à la dolly, le cadre part d'un plan moyen qui permet d'apprécier le langage corporel du personnage et se termine sur un plan rapproché qui concentre l'attention du spectateur sur l'expression de son visage. Ce mouvement de caméra donne une interprétation considérablement dramatique de ce moment très émouvant. La préservation du temps réel fait écho à l'arrêt soudain du flux narratif causé par la mort de Marion.

La distance qui sépare la caméra du sujet permet de préserver une grande profondeur de champ et d'inclure l'activité humaine qui se déroule à l'arrière-plan. Plus la caméra se rapproche, plus le cadrage se restreint, et plus la profondeur de champ se réduit. Cela permet au spectateur de concentrer son attention sur la douleur du personnage principal.

Bien que le plan soit entièrement éclairé avec une lumière diffuse, le sujet principal bénéficie d'un éclairage trois points traditionnel. Cela permet de le détacher du reste de la composition, afin de focaliser sur lui l'attention du spectateur. Ce dernier est tellement habitué à ce type d'éclairage qu'il ne remarque même pas sa mise en œuvre dans un plan tourné en extérieur jour.

Le plan à la dolly commence par un plan moyen, qui place le sujet au centre du cadre. Cela crée une composition statique, qui traduit l'état d'esprit actuel du personnage : il est anéanti par la mort de la jeune femme et se sent incapable de poursuivre sa quête.

Cette bouteille située bord cadre joue un rôle important. Elle ajoute de la profondeur de champ à la composition, suggérant de facto l'existence d'un espace hors champ. En d'autres termes, elle ouvre le cadre.

Comme le plan à la dolly resserre le cadre sur le sujet en un plan rapproché, une légère modification de la composition a été soigneusement effectuée pour respecter l'espace vide laissé à gauche du cadre. En effet, le personnage est désormais orienté dans cette direction.

Lorsque la caméra s'approche du sujet, elle pivote progressivement vers le haut afin d'ajuster la distance entre le haut de sa tête et le bord supérieur du cadre. Ici, la tête du personnage se retrouve correctement coupée pour un plan rapproché. L'orientation vers le haut de la caméra détermine une légère contre-plongée imposée par le mouvement de l'appareil.

La distance de la caméra par rapport au sujet étant considérablement réduite une fois le mouvement terminé, l'arrière-plan devient flou. Un ajustement de la netteté a donc été nécessaire pour que le personnage ne devienne jamais flou tout au long du mouvement de la caméra.

considérations techniques

les objectifs

Le choix d'un objectif pour réaliser un plan à la dolly dépend d'un certain nombre de variables. Les plus importantes sont de savoir quelle doit être l'échelle de plan à la fin du mouvement de caméra, quel environnement doit voir le public, si l'arrière-plan doit être à proximité ou non, et quelle **profondeur de champ** sera nécessaire à chaque étape du plan. Le nombre de facteurs que vous devez prendre en compte semble absolument faramineux. Rassurez-vous, tout est beaucoup plus simple qu'il n'y paraît. Vous devez commencer par déterminer les besoins prioritaires du plan ; quel est le point narratif principal de ce mouvement ? Doit-il montrer la réaction d'un personnage ? Doit-il révéler sa relation avec l'environnement ? Doit-il souligner les deux ? Lorsque vous souhaiterez amplifier les distances parcourues à la dolly, vous utiliserez un **objectif grand angle**. En revanche, pour obtenir l'effet inverse, vous opterez pour un **téléobjectif**. Vous souhaiterez peut-être inclure un élément significatif de l'environnement au début ou à la fin du plan. Dans ce cas, vous définirez une **longueur de focale** en fonction du **champ de vision** dont vous aurez réellement besoin. La profondeur de champ est un facteur sensible lorsque le sujet doit rester net sur toute la durée du plan. Il y a cependant une exception à cette règle : lorsque le point de netteté doit apparaître à une distance bien précise dans le plan réalisé à la dolly. Si une faible profondeur de champ est utilisée, il sera très difficile d'effectuer une mise au point manuelle en manipulant directement la bague de l'objectif. Vous serez peut-être alors obligé d'opter pour une longueur de focale et une ouverture dont la combinaison évitera d'effectuer cette mise au point.

le matériel

La dolly est un dispositif mobile qui consiste en une plate-forme équipée de roues. En fonction du système de traction du matériel, la dolly peut-être bruyante et difficile à contrôler si le terrain est légèrement escarpé. En revanche, elle est très légère, donc facile à transporter. Toutefois, vous n'êtes pas obligé d'en louer une professionnelle. Il est tout à fait possible d'utiliser n'importe quel matériel à roulettes. Ainsi, un fauteuil roulant, un trépied à roulettes, ou n'importe quelle autre solution maison pourront faire office de dolly. Mais, quel que soit le dispositif que vous mettez en œuvre pour reproduire cette technique, sachez que ce type de plan ralentit la cadence du tournage. En effet, les plans à la dolly sont bien plus difficiles à exécuter que des plans fixes dans la mesure où vous devez monter l'équipement, le régler, configurer correctement l'éclairage, et faire de nombreux essais.

l'éclairage

Lorsque le plan à la dolly couvre un très grand espace, partant d'un plan général pour finir sur un plan rapproché, l'éclairage peut poser de gros problèmes. En effet, vous devez éclairer le décor et le personnage en veillant à la continuité de la lumière à chaque stade du plan. L'éclairage nécessaire à un plan à la dolly doit donc être pensé avec précision. Ce choix dépend de la distance parcourue et du type d'objectif utilisé.

transgresser les règles

Les plans à la dolly sont mis en œuvre pour souligner un moment significatif d'une scène. Il s'agit généralement de l'instant où un personnage découvre quelque chose ou prend une décision importante. Ce plan, extrait du film Swimming pool *de François Ozon (2003), montre un écrivain (Charlotte Rampling) en manque d'inspiration. Pour souligner un regain d'imagination, le réalisateur effectue un plan à la dolly latéral. Le spectateur ne comprend pas sur le coup la signification de ce mouvement de caméra. Tout se clarifie à la fin du film, quand le type de romans écrits par cet auteur change radicalement le contexte des événements dont le spectateur voit le déroulement.*

Destins violés, *D. J. Caruso (2004).*

le travelling compensé

Également connu sous le nom d'« effet Vertigo », voire de « dolly zoom », le travelling compensé est un plan qui a été parfaitement employé dans le film *Sueurs froides* (dont le titre original est *Vertigo*) d'Alfred Hitchcock (1958). Il met en images le vertige dont souffre le détective John Ferguson (James Stewart) à des moments clés de l'histoire. Le plan est créé à partir d'une combinaison de **plans à la dolly** et de **plans zoom**. Ainsi, quand la caméra se rapproche du sujet, l'objectif fait un zoom arrière. Dès que la caméra s'éloigne du sujet, il fait un zoom avant. Le personnage filmé garde une taille constante, alors que la perspective de l'arrière-plan change drastiquement. Il semble être soit très proche, soit très éloigné. L'effet est si puissant et significatif qu'il doit être réservé à des événements qui ont une importance capitale dans le film. Ainsi, le travelling compensé intervient quand un personnage réalise soudainement quelque chose, ou bien quand il est surpris par ce qu'il apprend ou par ce qu'il voit. Ce plan peut aussi être employé pour représenter la haine, l'obsession, l'amour, la paranoïa, la peur, et même l'emprise d'une drogue. La vitesse à laquelle est réalisé le travelling compensé influe sur la manière dont il est interprété par le public. Pour communiquer des émotions extrêmes, le travelling compensé est effectué rapidement. Dans ce cas, les modifications de perspective à l'arrière-plan sont bien visibles. Lorsque ce travelling est lent, le décalage de perspective est plus subtil, donc plus complexe à repérer. Le spectateur ressent intimement qu'il se passe quelque chose d'anormal. Il existe une utilisation moins répandue du travelling compensé. Elle consiste à montrer l'arrière-plan de la composition plutôt que le sujet situé au premier plan. Pour cela, le premier plan est rendu flou.

L'exemple de plan illustré sur la page précédente est tiré du film *Destins violés* de D. J. Caruso (2004). Il montre une profileuse du FBI (Angelina Jolie) aidant à attraper un tueur en série. À ce moment précis, elle se rend compte qu'elle connaît l'un des témoins, qui est le responsable des meurtres. Le travelling compensé exécuté ici commence par un zoom en position **grand angle**, avec une caméra placée assez près de l'actrice. La dolly effectue un déplacement vers l'arrière, tandis qu'un zoom avant est réalisé en parallèle. Le sujet garde ainsi une taille constante, alors que l'arrière-plan semble se rapprocher de la jeune femme. Cela confère au plan un effet de surprise, une sensation de désorientation, et rend bien le choc ressenti par le personnage à cet instant critique du film. Ce plan montre que si la taille du sujet reste constante, une modification de la **longueur de la focale** n'affecte pas la **profondeur de champ** quand elle est contrebalancée par une altération de la distance qui sépare la caméra du personnage. L'arrière-plan reste flou quelle que soit la focale.

Utilisation classique d'un travelling compensé. Il souligne la prise de conscience soudaine que quelque chose ne tourne pas rond, comme vous pouvez le voir dans ce plan, extrait du film Destins violés *de D. J. Caruso (2004).*

travelling compensé

sa raison d'être

Le changement inhabituel de perspective provoqué par un travelling compensé illustre un moment ou une situation à la grande signification narrative. Cela indique au public que quelque chose vient de se passer. Dans cet exemple, extrait du film *La haine* de Mathieu Kassovitz (1995), un travelling compensé est exécuté pour montrer comment un groupe d'amis issus d'une classe défavorisée se sentent en arrivant à Paris pour y collecter une dette. Bien que Vinz (Vincent Cassel, à gauche) et Saïd (Saïd Taghmaoui) semblent indifférents à leur environnement, un travelling compensé restitue ce qu'ils ressentent loin de leurs bases.

Quand le travelling compensé commence, la caméra est assez proche des acteurs, et le zoom est en position grand angle. Vous remarquez l'expansion des distances sur l'axe *z* du cadre accentuée par les lignes convergentes au niveau des bâtiments et par la présence d'un point de fuite au centre de l'image.

La caméra est légèrement inclinée vers le bas, ce qui cadre les personnages en plongée, de manière à inclure les immeubles situés à l'arrière-plan. Au fur et à mesure du travelling arrière, le cadre est sensiblement relevé pour réserver les proportions de l'espace vide situé au-dessus des têtes. Vous voyez aussi que le dessus de la rampe est visible, visibilité qui sera largement atténuée à la fin du plan (cadre ci-dessous), après inclinaison de la caméra vers le haut.

La tour à l'arrière-plan est bien plus présente qu'au début du mouvement de caméra. Pourtant, la profondeur de champ n'a pas changé. C'est la variation de la longueur de la focale qui produit cet effet. Nous voyons alors qu'elle est floue, et que les lignes architecturales sont bien plus écrasées à l'arrière-plan. Cela s'explique également par la position téléobjectif du zoom.

La taille des personnages reste constante, mais leur expression faciale change par rapport au plan de départ, où la position grand angle de l'objectif déformait l'axe *z*. Dans un plan américain comme celui-ci, l'évolution de la déformation ne se voit pas beaucoup, à l'inverse de ce qui se produit quand vous filmez en plan rapproché ou en gros plan.

Au fur et à mesure que la caméra s'éloigne des sujets, elle est légèrement redressée pour préserver l'espace vide au-dessus des têtes. Vous voyez également que le dessus de la rampe n'est plus visible sous cet angle de prise de vue.

considérations techniques

les objectifs

Le facteur de zoom que vous utilisez pour déterminer la modification de la perspective à l'arrière-plan influera sur le déplacement de la caméra pour maintenir une taille constante du sujet dans le cadre. Par exemple, ce facteur de zoom appliqué à la séquence du film *Destins violés* n'est pas aussi important que celui utilisé pour le plan du film *La haine*. On le déduit du niveau de grossissement de leurs arrière-plans respectifs. Plus le facteur de zoom est élevé, plus il est difficile de maintenir la netteté du sujet pendant le mouvement de caméra. De ce fait, vous devez déterminer très précisément la distance qui séparera la caméra du sujet au début et à la fin du plan. Il est également essentiel de contrôler le niveau de déformation admissible en fonction de l'utilisation d'un **grand angle** ou d'un **téléobjectif**. Toutefois, cette déformation reste très peu visible lorsque vous utilisez un **plan américain** ou un **plan moyen**. En revanche, le problème sera réel avec des **plans rapprochés** et des **gros plans**.

le materiel

Dans un travelling compensé, la caméra est mobile. C'est la raison pour laquelle il est nécessaire de modifier la netteté tout au long du mouvement de la caméra. Pour cela, il est préférable d'utiliser un objectif dont la bague de mise au point est équipée d'une poignée. Cela est même fondamental car la bague de réglage de la **longueur de la focale** doit également être accessible par l'opérateur. La caméra peut être véhiculée par une dolly. Cependant, rien ne vous empêche de réaliser le travelling compensé caméra au poing. Mais dans ce cas, il sera très difficile d'obtenir un plan stable. Vous devrez faire face aux actions indépendantes de trois personnes : l'opérateur, l'assistant à la mise au point et le superviseur. Or, avec une dolly, ces trois personnes sont installées sur l'appareil pendant le déplacement du dispositif. Bien entendu, vous pouvez utiliser un système de mise au point sans fil. Ainsi, la netteté est effectuée à distance sans gêner l'opérateur lorsqu'il tourne la bague de zoom. Sachez pourtant que la mise au point à distance demande beaucoup d'entraînement pour être correctement exécutée. Quelle que soit la vitesse à laquelle s'effectue le mouvement de caméra, il est impératif qu'elle coïncide avec la vitesse à laquelle est tournée la bague de zoom. Sinon, le sujet semblera grossir au rapetisser, tandis que l'arrière-plan donnera l'impression de se rapprocher ou de s'éloigner. Cela ruine l'effet recherché avec un travelling compensé. Le procédé nécessite de toute manière de nombreuses répétitions. Vous devez en effet coordonner le déplacement de la dolly, le contrôle de la bague de zoom et le contrôle de la bague de mise au point.

l'éclairage

Comme la taille du sujet doit rester constante, la **profondeur de champ** dépendra principalement du réglage de l'ouverture. Bien entendu, la distance qui sépare la caméra du sujet aura également son influence sur cette profondeur. Cependant, dans la plupart des cas, le travelling compensé ne place pas la caméra suffisamment loin du sujet pour obtenir un arrière-plan net. Son incidence sur la profondeur de champ est donc minime. L'effet de désorientation provoqué par un travelling compensé sera visible, quel que soit le niveau de la profondeur de champ. Cet effet dépend davantage du facteur de zoom. Par conséquent, la décision d'avoir l'arrière-plan, le premier plan, ou tous les éléments du cadre parfaitement nets dépendra entièrement des besoins de votre histoire.

transgresser les règles

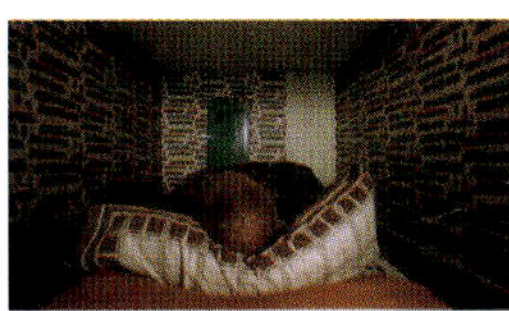
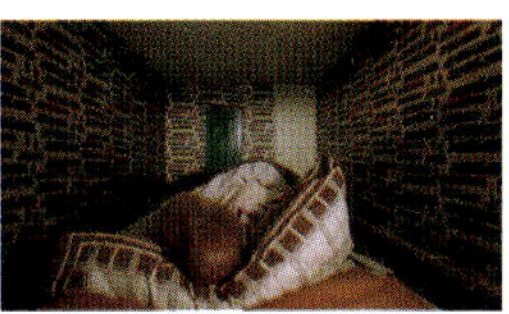
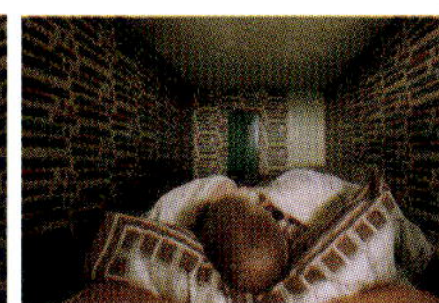

Ce plan, extrait du film Trainspotting *de Danny Boyle (1996), contient tous les ingrédients d'un travelling compensé : la taille du sujet reste constante, et l'arrière-plan semble s'éloigner. Pourtant, il ne s'agit pas d'un travelling compensé. Ici, le lit a été installé sur un plateau à roulettes avec la caméra placée juste au niveau de la tête de l'acteur. L'effet est bien plus perturbant que celui obtenu avec un travelling compensé traditionnel. Cela ajoute une touche surréelle aux souffrances endurées par Renton (Ewan McGregor), un héroïnomane en phase de désintoxication.*

Les 400 coups, *François Truffaut (1959).*

le travelling

Le travelling est un déplacement de la caméra dans l'espace qui suit le sujet latéralement, de face, ou par derrière. C'est l'un des mouvements de caméra préférés de Stanley Kubrick. Le public confond souvent le travelling et les plans réalisés à la **dolly**. Pourtant, la différence entre les deux est très simple : le déplacement de la dolly est indépendant de celui du personnage. Elle se rapproche ou s'éloigne de lui. Avec un travelling, la caméra suit très précisément le déplacement du sujet filmé. Bien entendu, un travelling peut être effectué avec une dolly, mais il l'est très souvent avec un dispositif que l'on appelle également « travelling ». Il s'agit d'installer la caméra sur un plateau dont les roues reposent sur des rails. Ainsi, le travelling est extrêmement stable. Il est possible d'utiliser d'autres matériels pour réaliser un travelling. Ce sera le cas avec une Steadicam, avec une voiture, et pourquoi pas caméra au poing. Tout dépend de la vitesse à laquelle vous devez effectuer ce mouvement de caméra. Toutes les échelles de plan peuvent être utilisées pour réaliser un travelling. Mais la plupart du temps, ce sont les échelles les plus larges comme des **plans moyens**, des **plans demi-ensemble**, et des **plans d'ensemble** qui sont employées. Plus l'échelle de plan est large, plus vous définissez une composition dynamique. Le travelling sert aussi à montrer une réelle interaction entre le personnage et son environnement. Les travellings qui suivent latéralement le sujet filmé amplifient les mouvements sur l'**axe *x*** du cadre. Parfois, le travelling est combiné à un **zoom**. De ce fait, le cadre se resserre sur le visage du sujet pendant le mouvement de caméra. Il n'est pas rare qu'un travelling commence en un plan d'ensemble ou en un plan demi-ensemble pour se terminer en **plan rapproché** ou en **gros plan**. Toutes ces combinaisons ajoutent de la tension et une certaine intensité dramatique à la signification d'un moment précis de l'histoire. Cela souligne l'émotion ressentie par le personnage à la fin du plan. En règle générale, un travelling est un plan séquence. Il établit une relation entre un personnage et l'environnement dans lequel il se déplace.

La fin du chef-d'œuvre de François Truffaut, *Les 400 coups* (1959), montre une utilisation intelligente du travelling. Ce film raconte l'histoire d'un jeune parisien, Antoine Doinel (Jean-Pierre Léaud), qui est en conflit avec ses parents et dont les petits délits le conduisent dans une maison de correction. Au début du film, le jeune garçon exprime son désir de voir la mer. Très tôt, il envisage de s'échapper de son pensionnat sévère. Lorsqu'il y parvient à la fin du film, le réalisateur choisit de montrer l'élan de liberté du jeune garçon *via* un travelling de 80 secondes. Ce long plan séquence ne permet pas de mesurer le niveau de solitude dans laquelle se trouve Antoine. Comme l'action est suivie en temps réel, cette scène prend une dimension dramatique bien plus importante que si elle avait été montrée avec une série de plans successifs. Le dernier plan du film est un zoom avant qui se termine par un arrêt sur image absolument bouleversant.

Ce plan séquence est réalisé avec un travelling de 80 secondes, qui suit Antoine (Jean-Pierre Léaud) au moment où il s'échappe d'une maison de correction, dans le magnifique film de François Truffaut intitulé Les 400 coups *(1959).*

travelling

sa raison d'être

Un travelling peut être combiné avec d'autres mouvements de caméra, dans le but d'augmenter l'intensité dramatique d'un moment particulier. Nous en avons un bel exemple dans le film *Morse* de Tomas Alfredson (2008). Il raconte l'histoire de l'amitié qui se développe entre Oskar (Kare Hedebrant, à l'image), qui subit constamment des brimades à l'école, et Eli (Lina Leandersson), une vampire âgée de 200 ans, qui garde l'apparence physique d'une fillette de 12 ans. Un travelling combiné à une dolly permet de souligner l'angoisse d'Oskar lorsqu'un élève menaçant l'accoste. Le mouvement de la caméra suit le jeune garçon de gauche à droite, tout en se rapprochant progressivement de lui, afin de le cadrer en gros plan. La petite brute (Patrik Ridmark) reste hors champ jusqu'à ce qu'Oskar soit acculé contre le mur. Il entre dans le cadre à la fin du travelling, ce qui donne le sentiment qu'Oskar ne peut pas lui échapper.

Le plan est statique jusqu'à ce que ce personnage entre dans le cadre. Son déplacement motive le mouvement de caméra. À cet instant précis, un plan demi-ensemble est utilisé. Il montre le personnage, mais également une grande quantité du décor.

La caméra étant immobile, le public remarquera probablement les deux garçons qui se bagarrent à l'arrière-plan. Il s'agit là d'un système de correspondances mis au point par le réalisateur pour annoncer ce qui attend le personnage principal.

La présence de cette colonne au premier plan ajoute de la profondeur au cadre et amplifie le mouvement imprimé par le travelling. En effet, la colonne se déplace bien plus rapidement que le personnage situé au centre du cadre.

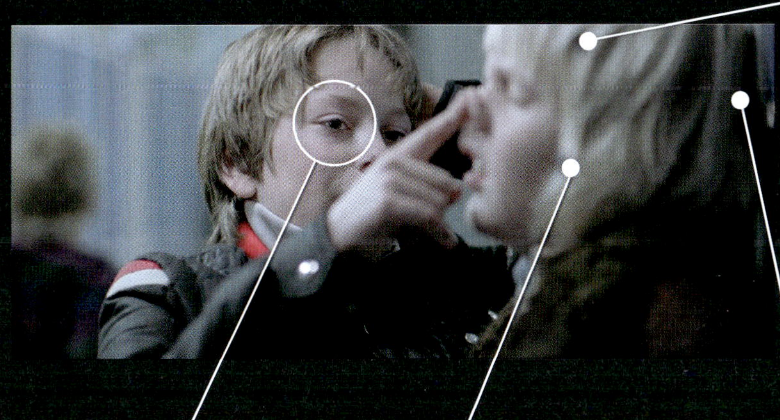

La position du haut de la tête par rapport au bord supérieur du cadre est correcte pour l'agresseur, mais pas pour sa victime. La mise au point sélective permet de faire de cet agresseur le point focal de la composition. Dès qu'il sort du cadre, la caméra pivote légèrement vers le haut afin de cadrer correctement le personnage situé au premier plan.

La faible profondeur de champ permet de réaliser une mise au point sélective. Ici, le point est fait sur le personnage situé au plan intermédiaire. Il s'agit là d'un choix inhabituel, mais très efficace. Il permet de focaliser l'attention du public sur la cause de la détresse du personnage principal, plutôt que sur l'expression physique de sa détresse.

Le mouvement de caméra se fait en diagonale, de manière à réduire le cadre et exclure ainsi les éléments environnants. Il se termine sur un plan rapproché qui confine le personnage dans sa soumission.

Bien que ce personnage soit placé dans le cadre selon la règle des tiers, aucun espace vide n'est visible derrière lui. Cette situation montre l'impossibilité d'échapper à une nouvelle humiliation.

considérations techniques

les objectifs

Lorsque le travelling est latéral, le choix de la **longueur de la focale** a un impact majeur sur la perception des mouvements effectués sur l'axe *x*. Par exemple, avec un **téléobjectif**, le **champ de vision** est considérablement réduit, et les distances sur l'**axe *z*** sont resserrées. Avec une telle configuration de plan, le plus petit mouvement latéral de la caméra semble beaucoup plus rapide qu'il ne l'est en réalité. Avec un **objectif grand angle**, le champ de vision est plus large, les distances sur l'axe *z* paraissent très étendues et l'arrière-plan beaucoup plus éloigné que dans la réalité. Les mouvements sur l'axe *x* semblent plus lents car l'arrière-plan ne traverse pas le cadre aussi rapidement que si vous utilisiez un téléobjectif. Lorsque vous effectuez un travelling caméra au poing, privilégiez l'utilisation d'un objectif grand angle et veillez à ce que la distance séparant la caméra du sujet soit courte. Cela permet de dissimuler les tremblements de l'appareil. N'oubliez jamais que les téléobjectifs ont tendance à amplifier les plus petits mouvements de caméra. Il est donc conseillé de les utiliser lorsque la caméra est installée sur une dolly, un travelling, un véhicule, ou tout autre matériel stable comme une Steadicam. Pendant un travelling, la mise au point peut se révéler difficile à exécuter. Elle est d'autant plus sensible que le sujet est filmé sous un certain angle, ou lorsque le travelling est combiné à un mouvement de dolly avant ou arrière. C'est exactement ce que nous avons constaté sur le plan séquence extrait du film *Morse* de la page précédente. Dans ce cas, la distance qui sépare la caméra du personnage n'est pas constante. Il est donc nécessaire de varier la position de la bague de mise au point, de manière à maintenir la netteté tout au long du plan. Cela n'est possible qu'après avoir effectué des mesures précises des distances de mise au point, et après avoir répété maintes et maintes fois le mouvement d'appareil.

le matériel

L'utilisation d'une dolly équipée de roues permet de gagner un temps précieux dans la configuration et l'exécution d'un travelling. Bien entendu, la dolly ne pourra être utilisée que sur une surface bien régulière. Il est tout à fait possible de réaliser un travelling traditionnel, c'est-à-dire en plaçant le chariot sur des rails. Cependant, le montage de ce dispositif demande beaucoup de temps, surtout quand la surface sur laquelle sont posés les rails est escarpée. Une alternative consiste à utiliser une Steadicam afin de réaliser le plan sans dispositif à roulettes. Là encore, cependant, la distance qui sépare la caméra du sujet variera tout au long du plan. Il faut donc prévoir une technique de mise au point qui ne perturbe pas le travelling. L'idéal est d'utiliser un système de mise au point à distance sans fil. Il pourra être contrôlé par un assistant assigné à cette opération ou par l'opérateur de prise de vue. L'essentiel étant de ne jamais intervenir directement sur la bague de mise au point de l'objectif. Une autre option pour préserver la netteté tout au long du travelling consiste à placer la caméra suffisamment loin du personnage, comme cela a été fait pour le film *La vie des autres* de Florian Henckel von Donnersmarck (2006), que vous pouvez voir ci-contre. Dans ce cas, la composition du plan est obligatoirement affectée.

l'éclairage

Dans un travelling, l'éclairage doit être contrôlé pour faciliter la mise au point sur le sujet filmé. Davantage de lumière permet de fermer le diaphragme et ainsi d'augmenter la profondeur de champ. Si vous ouvrez davantage le diaphragme, évitez la surexposition avec un filtre gris. Certaines caméras SD et HD intègre un filtre gris électronique.

transgresser les règles

Un travelling est toujours motivé par le mouvement d'un personnage. Cela évite au spectateur de repérer le mouvement en question. Dans ce travelling, extrait du film La vie des autres *de Florian Henckel von Donnersmarck (2006), la caméra suit Gerd Wiesler (Ulrich Mühe), un ancien officier de la Stasi (la police secrète d'Allemagne de l'Est), quelques années après la chute du mur de Berlin. À un moment précis du travelling, la caméra s'arrête, laissant le personnage sortir du cadre l'espace de quelques secondes. Cette interruption du mouvement de la caméra est totalement inattendue et inhabituelle. Pourtant, cela crée un moment de tension, jusqu'à ce que le personnage revienne dans le cadre. En effet, il réalise soudainement quelque chose. Le plan se termine sur une affiche publicitaire pour un livre écrit par un prétendu contre-révolutionnaire que le personnage principal a espionné dans le passé, et qu'il avait choisi de protéger quand il pouvait l'arrêter.*

Les affranchis, *Martin Scorsese (1990).*

la Steadicam

La mise en œuvre d'une dolly à roulettes ou d'un travelling est souvent fastidieuse. De plus, ces systèmes ont leurs limites. Ils ne permettent pas de filmer un personnage montant un escalier, par exemple. En 1976, un certain Garret Brown a réglé de nombreux problèmes en inventant la Steadicam. Le nom de son invention fait désormais partie du vocabulaire cinématographique. On parle en effet de « plan réalisé à la Steadicam » ou, plus simplement, de « Steadicam ». Il s'agit d'un système relativement complexe qui équilibre parfaitement la caméra : une sorte de harnais muni d'un bras articulé, sur lequel est fixé l'appareil de prise de vue. La solidarité ainsi créée entre le corps de l'opérateur et le bras articulé, ainsi que la stabilité de la bague supportant la caméra, permettent de filmer en marchant, en courant, en montant ou en descendant les escaliers avec une fluidité impossible à obtenir sans cet appareillage. Toutefois, seul un opérateur spécialement formé pour l'utiliser sera capable d'effectuer les prises de vues exigées par le réalisateur. Grâce aux divers types de Steadicam qui existent de nos jours, le cameraman peut effectuer des mouvements autrefois impossibles avec une **dolly** ou avec un **travelling**, mais leur plus gros avantage est de permettre des mouvements verticaux et horizontaux, voire des rotations à 360° autour d'un personnage. Les plans à la Steadicam étant généralement du type plan séquence, ils sont réservés aux scènes qui doivent préserver une unité de temps, d'espace, et garantir la fluidité du mouvement. La Steadicam est parfois utilisée pour préserver l'unité de la performance d'un acteur. Grâce au mouvement qu'elle permet, il sera très facile d'obtenir une variation de l'échelle de plan avec une fluidité inégalable. Vous pouvez ainsi redéfinir le cadre pour que le public se sente davantage impliqué dans l'histoire, ou pour souligner un aspect particulier d'une scène. Comme nous l'avons déjà expliqué, le déroulement d'une scène en temps réel amplifie la tension : le montage sans plans intermédiaires plonge le spectateur au cœur même de l'action. Dans certains cas, la fluidité du mouvement de caméra fait partie intégrante de l'histoire. Cette aisance qui caractérise les plans tournés à la Steadicam donne au spectateur l'impression de faire partie intégrante de l'action et de toute activité dans la scène. Comme la plupart des mouvements de caméra, les plans tournés à la Steadicam sont souvent motivés par l'action d'un personnage.

Le film *Les affranchis* de Martin Scorsese (1990) nous donne un brillant exemple de ce type de plan. Henry Hill (Ray Liotta), un gangster, invite sa fiancée Karen (Lorraine Bracco) à dîner. Un magnifique plan à la Steadicam nous permet de suivre l'entrée du couple dans un restaurant très populaire. Il traverse une longue file d'attente. Ensuite, les personnages longent des couloirs, traversent une cuisine en pleine effervescence, se fraient un chemin au milieu des tables de la salle principale, passent au milieu d'un autre groupe de personnes qui attendent leur tour, et sont enfin invités à prendre place à une table située à côté de la scène. Tout au long de ce périple, Henry distribue des pourboires, aussi bien aux videurs qu'aux serveurs. La supériorité de la Steadicam sur une séquence composée d'une succession de plusieurs plans tient au fait que le spectateur accompagne le couple au plus près, jusqu'à son arrivée. Ainsi, il ressent les privilèges et la puissance du statut de cet homme qui obtient des faveurs là où les autres sont impuissants.

La fluidité et la souplesse de ce plan réalisé à la Steadicam permet au spectateur de partager les privilèges d'un affranchi dans le film Les affranchis, *réalisé par Martin Scorsese en 1990.*

Steadicam

sa raison d'être

La Steadicam peut être utilisée pour préserver l'unité de la performance d'un acteur tout en recadrant la scène, afin d'intensifier la nature dramatique de la séquence, d'amplifier la tension, et de connecter le public à l'histoire. Dans cet exemple, extrait du film *Michael Clayton* de Tony Gilroy (2007), la Steadicam a permis de glisser progressivement d'un plan de deux à un plan rapproché, en passant par un plan au-dessus de l'épaule, un plan d'ensemble, un gros plan, pour finir sur un plan moyen. L'ensemble détaille une scène de meurtre absolument terrible. Comme la Steadicam permet de suivre l'action en temps réel, elle décrypte l'effrayant savoir-faire de ce meurtrier.

Au début de la séquence, un plan serré permet de faire entrer violemment le meurtrier dans le cadre. À partir de cet instant, l'opérateur Steadicam recadrera constamment la composition, afin de montrer des détails et d'ajouter une intensité dramatique à la scène.

Dans les diverses compositions réalisées en un seul plan séquence, la mise au point sur l'élément le plus important du cadre doit être correcte, ce qui impose de nombreuses répétitions. Par exemple, à cet instant de la séquence, le point est fait sur les sujets situés au premier plan. Par conséquent, l'arrière-plan est flou.

Respecter la distance qui sépare le haut de la tête du bord du cadre est un véritable défi lorsque l'action contient beaucoup de mouvements. L'opérateur Steadicam doit connaître à l'avance l'action des personnages et évaluer constamment la composition du cadre.

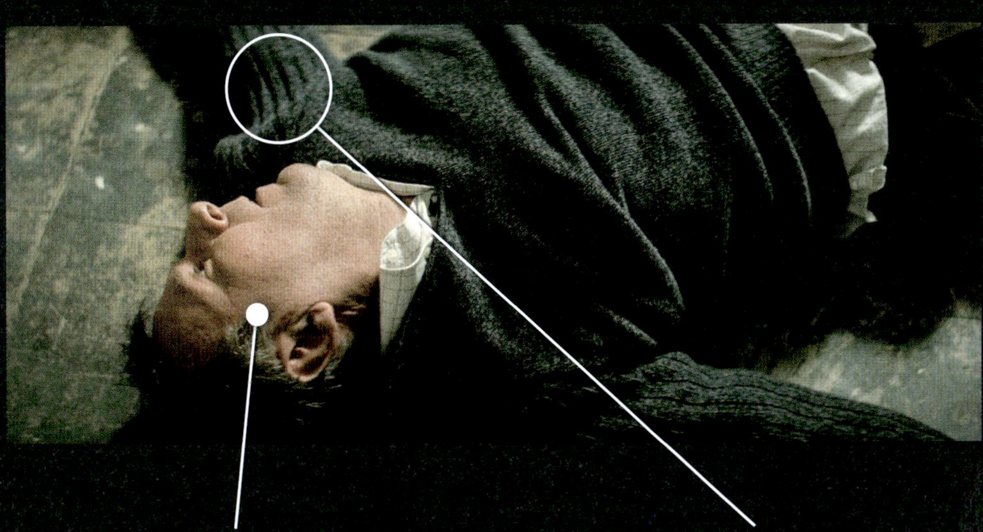

Malgré sa position, le personnage a été placé dans le cadre selon la règle des tiers. La position diagonale du corps dans le cadre guide le regard du spectateur vers le visage, c'est-à-dire le point focal de cette composition.

Lorsque l'opérateur Steadicam recadre le sujet pour cette composition particulière, il doit impérativement effectuer une nouvelle mise au point sur le visage de l'homme. L'évolution constante des échelles de plan pendant cette prise de vue a permis une grande variation de la profondeur de champ.

considérations techniques

les objectifs

Lorsque vous désirez réaliser un mouvement de caméra avec un **objectif grand angle** sans passer par un travelling ou une dolly, vous êtes obligé d'utiliser un système semblable à celui d'une Steadicam pour éviter tout tremblement de l'image. Comme toujours, le choix de la **longueur de la focale** sera dicté par les besoins de votre **champ de vision**, par la nécessité de rapprocher ou d'éloigner l'arrière-plan du sujet, ou encore par le besoin de contrôler la perception du mouvement tout au long du déplacement de la caméra. Contrairement à un plan fixe, un plan en mouvement définit un cadre dynamique. Cela signifie que l'échelle de plan va varier tout au long de la prise de vue. Dans ce cas, les possibilités de cadrage dépendront exclusivement du choix de l'objectif. Ainsi, lorsque le plan à la Steadicam doit inclure de nombreux déplacements sur l'**axe z**, vous aurez probablement besoin d'exagérer les distances en utilisant un **objectif grand angle**. En revanche, si le déplacement du personnage doit paraître pénible, employez un **téléobjectif** qui écrasera les distances sur cet axe. Ces déformations spatiales peuvent varier considérablement dans leur effet et dans leur intensité, selon que vous filmez en plongée ou en contre-plongée, comme l'a fait Stanley Kubrick dans son film *Shining* (1980). Dans la séquence du labyrinthe, l'utilisation d'un grand angle donne l'impression que les murs de buissons sont bien plus hauts qu'ils ne le sont en réalité. Lorsque vous choisissez un objectif pour tourner un plan avec une Steadicam, vous devez prendre en considération la distance de mise au point minimale qui doit exister entre la caméra et le sujet. Par exemple, vous souhaiterez peut-être maintenir une composition constante avec une caméra qui suit le déplacement du sujet de très près. Avec une focale courte, vous pourrez vous placer très près du sujet et rendre ainsi l'arrière-plan flou. En revanche, si vous utilisez une focale plus longue, votre distance de mise au point minimale sera, elle aussi, plus longue. Par conséquent, vous serez contraint d'éloigner la caméra du sujet, ce qui rendra beaucoup plus difficile l'obtention d'un arrière-plan flou.

le matériel

Steadicam est synonyme de plan stable. Cela ne doit pas vous empêcher d'imaginer des prises de vues plus ou moins exotiques. D'ailleurs, les Steadicam haut de gamme proposent beaucoup d'options de configuration de la caméra. Par exemple, certains dispositifs permettent de placer la caméra au ras du sol, ou bien disposent d'un système d'équilibrage très puissant, qui permet à l'opérateur d'utiliser des caméras beaucoup plus lourdes et d'effectuer des prises de vues plus longues. L'utilisation d'un moniteur de contrôle, bien plus grand que le petit écran LCD de la caméra, donne à l'opérateur la possibilité de cadrer et de mettre au point en un clin d'œil. La vision périphérique dont il profite lui permet de marcher, voire de courir en toute sécurité. En revanche, la présence d'un assistant est indispensable lorsque le mouvement de caméra se fait vers l'arrière. En effet, la rétrovision de l'écran LCD, qui équipe la plupart des caméras **SD** et **HD**, est insuffisante pour assurer la sécurité de l'opérateur Steadicam.

l'éclairage

Avec les plans dynamiques, il est difficile de ne pas filmer les sources d'éclairage. Il est nécessaire de définir le trajet de la Steadicam. Dans ce cas, vous êtes limité par cette trajectoire. La solution est d'utiliser des ampoules survoltés pour éclairer la scène avec les lumières ambiantes. L'éclairage joue un rôle majeur sur la profondeur de champ.

transgresser les règles

Nous savons que les plans réalisés à la Steadicam sont généralement motivés par le déplacement d'un personnage. Tout autre mouvement de caméra donnera l'impression que nous avons affaire à un plan subjectif, donc à la vision d'un observateur extérieur à la scène. Le film de Stanley Kubrick Full Metal Jacket *(1987) contient de nombreux plans à la Steadicam qui donnent ainsi le point de vue du narrateur. En effet, le réalisateur place souvent la caméra en contre-plongée et derrière les soldats, dès qu'ils entrent dans une zone dangereuse. Le spectateur se retrouve alors au centre de l'action, comme s'il était lui-même un Marine.*

Tigre et dragon, *Ang Lee (2000)*.

le plan grue

Il arrive que la caméra soit installée sur une grue spécialement conçue pour les prises de vues cinématographiques. Ce dispositif permet de réaliser des plans verticaux et horizontaux, voire une combinaison des deux. L'utilisation la plus typique d'une grue consiste à effectuer des mouvements verticaux, destinés à permettre d'apprécier l'étendue d'un lieu. Le plan grue sert donc à tourner des **plans de situation**. La grue est également utilisée pour modifier progressivement le cadrage, en partant d'un plan serré sur un personnage pour finir sur un plan général du lieu où se déroule la scène. Bien entendu, le mouvement de caméra inverse est tout à fait possible, à savoir celui qui part d'un plan général pour se terminer sur un plan serré d'un des personnages, afin de l'isoler dans la composition. Le mouvement vertical ascendant ou descendant d'une caméra installée sur une grue peut être beaucoup plus visible, si des objets sont présents au premier plan de la composition et qu'ils passent devant l'objectif de la caméra. La présence de tels éléments n'est pas indispensable lorsque la grue prend beaucoup de hauteur. En effet, la modification du point de fuite sera suffisamment apparente pour que le spectateur remarque bien le mouvement de la caméra. Le plan réalisé à la grue peut être combiné avec d'autres types de mouvements de caméra. Par exemple, le mouvement d'élévation peut être associé à un mouvement de traction. Dans ce cas, la grue est généralement montée sur un travelling. Le plan grue va introduire un lieu, un personnage, ou souligner un événement clé. Il a donc une place privilégiée dans votre récit. Réservez-le à des instants significatifs de votre film.

Le film *Tigre et dragon* d'Ang Lee (2000) recèle un plan grue qui illustre un flash-back. Nous y voyons Yu Jiao Long (Zhang Zi-Yi), jeune aristocrate nourrissant une passion secrète pour les arts martiaux, rencontrer Lo (Cheng Chang), le chef d'une bande de brigands, surnommé aussi « Nuage Noir ». Lo apparaît dans la séquence par un plan grue le montrant progressivement au milieu de sa bande. Une légère inclinaison de la caméra, qui passe d'une contre-plongée à une plongée, modifie considérablement le point de vue de la composition. Ce mouvement de caméra souligne l'importance de cet homme dans l'histoire, et renforce l'impression que le territoire lui appartient. Cette technique est communément utilisée pour marquer l'esprit du spectateur

Le film Tigre et dragon *d'Ang Lee (2000) fait appel à un plan grue pour montrer l'importance d'une bande de voleurs et de son chef, Lo (Cheng Chang).*

sa raison d'être

Le plan grue introduit des personnages et des lieux, mais il permet aussi de souligner des moments poignants d'une histoire. Dans le film de Jane Campion, *La leçon de piano* (1993), un plan grue est utilisé pour montrer Ada (Holly Hunter), une jeune Écossaise muette exilée en Nouvelle Zélande pour s'y marier contre son gré. Sur ordre de son mari, elle doit donner des leçons de piano à l'homme qui détient son instrument, afin qu'il le lui restitue. Un plan grue descendant souligne le désarroi de la jeune femme quand elle décide de ne plus obéir à son époux.

La position des sujets au début du plan ne respecte pas la règle des tiers. Ce cadrage peu orthodoxe amplifie le contraste entre les mœurs Victoriennes et l'exubérance de la jungle Néo-Zélandaise.

La distance qui sépare la caméra du sujet et l'ouverture du diaphragme permettent d'obtenir une profondeur de champ qui préserve la netteté du personnage et du lieu. Au fur et à mesure du mouvement descendant, la distance entre le sujet et la caméra se réduit. La profondeur de champ devient alors plus faible. Cela permet de focaliser l'attention du spectateur sur la jeune femme.

La caméra est inclinée vers le bas au début du plan grue. Elle détermine ainsi une forte plongée sur les sujets et la zone où se déroule l'action. Dans ce mouvement, la caméra pivote progressivement vers le haut et effectue un panoramique, afin de cadrer le personnage en plan rapproché sous un angle plus neutre. La combinaison du plan grue, d'une inclinaison, et d'un pano donne à ce mouvement de caméra une intensité dramatique bien plus grande que celle obtenue avec un simple plan grue.

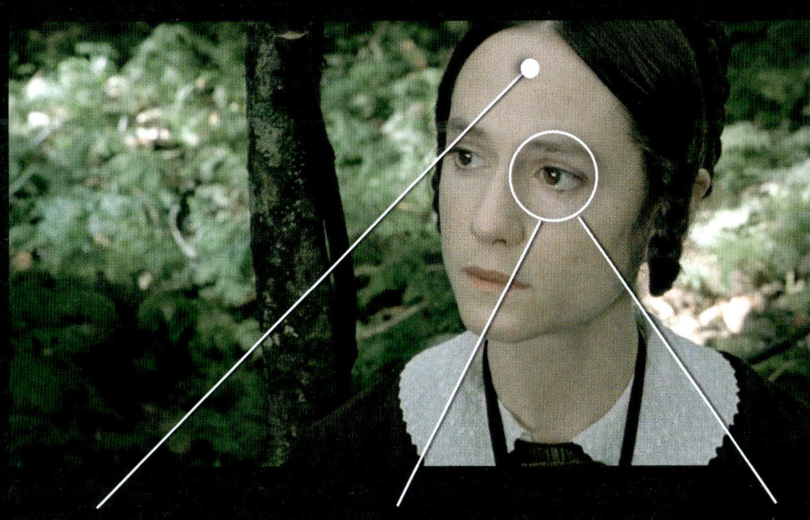

À la fin du plan grue, la caméra pivote vers le bas, afin de filmer la femme en légère plongée. Un petit panoramique est effectué pour cadrer en un plan rapproché qui respecte la règle des tiers.

Vous remarquez que la présence d'un reflet dans l'œil donne de la consistance au regard. Vous constatez aussi qu'un éclairage diffus a été utilisé pour éviter les ombres sur le visage, alors que l'arrière-plan montre que cette scène a été tournée sous le soleil.

La faible distance qui sépare la caméra du sujet impose un nouveau réglage de la netteté sur le sujet principal. Quand vous utilisez une grue, cette mise au point est généralement faite à distance. Une télécommande permet à un opérateur de faire le point, d'effectuer un pano, d'incliner la caméra, et de zoomer.

considérations techniques

les objectifs

Le choix de la **longueur de la focale** dépend du type de plan grue que vous souhaitez réaliser et du point de vue narratif que vous envisagez de développer. Par exemple, un plan grue qui élargit progressivement le cadre en élevant la caméra utilisera un **grand angle**. Cet objectif permet de couvrir un espace bien plus important que ne saurait le faire un **téléobjectif**. En revanche, pour donner de la vitesse au plan grue, vous utiliserez un téléobjectif et veillerez à placer des éléments au premier plan. En effet, le téléobjectif a tendance à modifier la perception des mouvements sur les **axes *x*** et ***y***. Enfin, le choix de la focale se fera en fonction du niveau de déformation que vous désirez ajouter (ou pas) à certains points du plan. Dans le film *La leçon de piano* de Jane Campion, le plan grue se termine en **plan rapproché** en légère **plongée**. L'apparence du personnage serait totalement différente si elle était rendue par un grand angle ou un téléobjectif. Comme le plan grue nécessite une configuration complexe de la caméra et du sujet filmé, sachez que le choix de la longueur de la focale peut potentiellement produire l'effet inverse à celui que vous recherchez. Pour éviter tout désagrément, vous devez impérativement contrôler l'impact de l'objectif tout au long de la prise de vue et sur tous les axes.

le matériel

Comme tout plan réalisé avec un matériel sophistiqué, le plan grue demande beaucoup de temps de mise en place. Vous devez donc intégrer ce paramètre à votre plan de tournage. Il existe plus d'une centaine de grues différentes. Chaque modèle répond à des besoins et à des budgets différents. Des modèles très élaborés proposent des bras articulés, un dispositif pour accueillir un opérateur Steadicam, un moteur permettant de réaliser des plans à grande vitesse, et parfois une plate-forme capable d'accueillir le réalisateur et son assistant opérateur. Un plan grue impose un contrôle de l'image. Pour cela, il existe des moniteurs de grande dimension, qui sont généralement fixés à l'extrémité du bras de la grue. Cela permet à l'opérateur de vérifier le cadrage. En revanche, pour effectuer la mise au point, un zoom, un pano, ou une inclinaison, la grue doit être équipée d'une tête motorisée télécommandée. N'oubliez pas que la grue est un équipement lourd à gérer et que son utilisation peut être dangereuse. Vous devez veiller à ce que personne ne soit jamais sous l'engin. Seules les personnes qualifiées seront autorisées à l'approcher et à le manipuler. Au moment du tournage, vous devez exiger que la zone soit bien dégagée pour éviter tout accident.

l'éclairage

Si vous utilisez une grue pour tourner un extérieur jour et qu'un personnage fait partie intégrante du plan, vous devez trouver une solution pour diffuser la lumière. En effet, les sources d'éclairage ne doivent pas avoir d'incidence sur le mouvement ascendant ou descendant de la grue. Or les angles de prise de vue gênent parfois la gestion des lumières. Lorsque vous tournez un extérieur nuit, vous risquez aussi d'être confronté à un problème similaire, surtout quand vous définissez un plan d'ensemble ou demi-ensemble. Dans ces circonstances, vous devrez probablement mettre en œuvre des éclairages puissants, que vous placerez relativement haut afin de couvrir la plus large zone possible du lieu de tournage. Une autre solution consiste à tourner dans un lieu où l'éclairage ambiant suffit à la bonne exposition de votre plan séquence.

transgresser les règles

Les plans grue sont souvent combinés à d'autres mouvements de caméra, comme des panos et des inclinaisons. Cela permet d'augmenter l'impact dramatique d'un moment du récit. Cet exemple est extrait du film Il était une fois dans l'Ouest *de Sergio Leone (1968). Il s'agit d'une séquence très complexe, qui combine un zoom arrière, une dolly arrière et une inclinaison de la caméra à un plan tourné avec une grue. Ce plan révèle progressivement la situation dans laquelle se trouve un homme qui va mourir. Tout au long du film, nous suivons « Harmonica » (Charles Bronson), qui traque inlassablement Frank (Henry Fonda), le chef d'une bande de tueurs impitoyables, sans que nous sachions pourquoi. Grâce à ce flashback tourné à la grue, Frank apprend que, plusieurs années auparavant, il a mis en scène de manière sadique le meurtre du propre frère d'« Harmonica ».*

La soif du mal, *Orson Welles (1958)*.

le plan séquence

Le plan séquence fait partie des plans les plus difficiles à mettre en scène, puisqu'il contient un mouvement de caméra sophistiqué couvrant une scène qui aurait pu être montée avec plusieurs échelles de plan successives. Comme il se compose d'un seul plan, le plan séquence donne une dimension dramatique très intense aux scènes. Il préserve une unité de temps et de lieu, ce qui en fait un élément fondamental du langage cinématographique. Les réalisateurs l'utilisent à des moments cruciaux de leur histoire. Il peut être tourné sous diverses formes : **plan grue**, **plan à la dolly**, **plan zoom**, plan caméra au poing, panoramique, inclinaison, **travelling**, et **Steadicam**. Il permet de varier les échelles de plan sans aucun montage. Il est parfaitement possible de partir d'un **très gros plan** pour finir sur un **plan général**. Dans un plan séquence, le mouvement de la caméra est souvent motivé par celui des personnages. Comme ce plan dure longtemps, c'est-à-dire de quelques minutes à plus d'une heure, il préserve à la fois le temps réel, l'espace et la performance des acteurs. Il ajoute ainsi du réalisme, de la tension et de l'intensité à une scène. Bien entendu, le temps réel n'est pas synonyme de réalisme. Il existe des plans séquences totalement esthétiques, qui atteignent un très haut niveau de virtuosité chorégraphique que le spectateur ne manque pas d'apprécier. La complexité de la mise en scène de très longs plans séquence est telle, que de nombreux réalisateurs préfèrent en tourner plusieurs petits et les monter ensuite en utilisant la technique du « faux raccord ». Cela consiste à terminer une de ces miniséquences par exemple sur un mur blanc, et de reprendre le mouvement de la caméra sur ce même mur, afin de donner l'illusion que la séquence n'est constituée que d'un seul plan. C'est ce principe qui a été utilisé par Alfred Hitchcock dans son film *La corde* (1948). Il s'agissait d'un plan séquence fixe d'une pièce. À chaque fois qu'il fallait changer la bobine de film, un acteur se plaçait devant la caméra afin d'en obstruer le champ. Le plan reprenait sur cette position de l'acteur, donnant ainsi l'illusion que le film avait été tourné en un seul plan séquence. Aujourd'hui, les trucages informatiques et la 3D permettent de simuler très facilement ce type de plan à partir de scènes qui ont été filmées en plusieurs fois.

Un des plus célèbres plans séquence du cinéma est extrait de la scène d'ouverture du film *La soif du mal* d'Orson Welles (1958). Il a nécessité trois jours de préparation. La scène commence par un gros plan sur une bombe artisanale cachée dans le coffre d'une voiture. Ce véhicule appartient à un couple (Janet Leigh et Charlton Heston), qui s'est arrêté à la frontière entre les États-Unis et le Mexique. Leur romance sera interrompue par l'explosion du véhicule. Toute cette scène a été tournée en un plan séquence de trois minutes. Il utilise une grue montée sur un camion, ce qui permet de suivre la scène en temps réel. Ce choix de mise en scène augmente le suspense et la tension créée dès le premier plan sur l'horloge de la bombe. Le mouvement de la caméra introduit la zone frontalière d'une manière très suggestive, qui met en évidence les différences morales, éthiques, légales, et culturelles des deux pays, c'est-à-dire les thèmes majeurs développés dans le film.

Ce légendaire plan séquence est extrait de La soif du mal *d'Orson Welles (1958). Il montre l'action en temps réel, ce qui amplifie progressivement le suspense et la tension introduits dès le premier gros plan sur un système de déclenchement d'une bombe artisanale.*

plan séquence

sa raison d'être

Le plan séquence est une technique narrative très puissante qui souligne un moment clé de l'histoire en préservant l'unité de temps et d'espace, ainsi que la performance des acteurs. Dans cette scène cruciale du film *Dans ses yeux* de Juan José Campanella (2009), un plan séquence créé informatiquement à partir de plusieurs miniplans commence par un plan général en plongée d'un stade de football. La caméra pénètre dans le stade, survole la foule et suit deux agents fédéraux, Benjamin et Pablo (Ricardo Darin et Guillermo Francella), qui poursuivent un homme suspecté de meurtre (Javier Godino). Le plan séquence se termine par un plan rapproché sur l'arrestation de l'homme plaqué au sol. L'intensité dramatique créée par ce plan séquence souligne l'importance de cette arrestation et confirme par-dessus tout la culpabilité de l'individu.

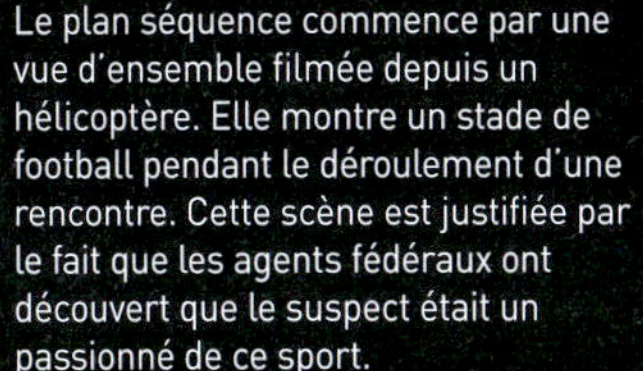

Le plan séquence commence par une vue d'ensemble filmée depuis un hélicoptère. Elle montre un stade de football pendant le déroulement d'une rencontre. Cette scène est justifiée par le fait que les agents fédéraux ont découvert que le suspect était un passionné de ce sport.

Si l'environnement est plus sombre, c'est volontaire : cela fait du stade le lieu où doit se résoudre l'énigme du film. Bien plus lumineux que son environnement, il se détache du plan.

Le plan séquence utilise un cadrage dynamique. Ainsi, l'échelle de plan passe d'un plan général de plusieurs centaines de mètres à un plan rapproché de quelques centimètres. Ce plan sans point de montage n'aurait jamais pu être réalisé sans l'aide de trucages numériques.

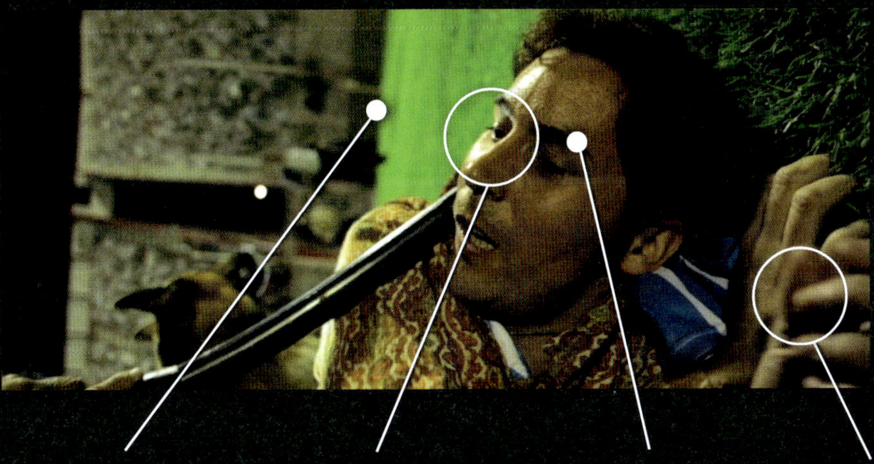

L'utilisation d'un plan très désaxé (quasiment à 90 degrés) à la fin du plan séquence suggère le déséquilibre psychologique du personnage.

Normalement, le personnage est censé être éclairé par la lumière du stade. Toutefois, un éclairage d'appoint permet d'ajouter de la profondeur à la composition, chose impossible à obtenir en n'utilisant que l'éclairage uniforme d'une enceinte sportive.

La position du personnage respecte la règle des tiers. L'espace entre la tête et le bord supérieur du cadre est tout à fait correct. Il indique la présence d'un espace hors champ, et ce malgré l'utilisation d'un plan désaxé.

La distance qui sépare la caméra du sujet, ainsi que la grande ouverture du diaphragme permettent d'obtenir une faible profondeur de champ. Cela isole l'homme du reste de la composition, afin de bien montrer l'état de tension dans lequel il se trouve.

considérations techniques

les objectifs

La complexité du plan séquence dictera la ou les **longueur(s) de la focale** que vous devrez utiliser. Divers facteurs sont à prendre en considération. Les diverses échelles de plan nécessaires à la prise de vue, le **champ de vision** à chaque stade du plan séquence, les mouvements imprimés à la caméra ou imposés au personnage pour souligner un état particulier de la narration, la distance minimale qui doit séparer la caméra du sujet filmé, l'utilisation ou non d'un zoom pour offrir plus de dynamique dans le choix des échelles de plan, la possibilité de profiter d'une ouverture spécifique, sans compter d'autres variables. La scène du film *La soif du mal* utilise un **objectif grand angle**, qui allonge les distances et amplifie les mouvements sur l'**axe** z. Il ajoute des déformations optiques sur les lignes des bâtiments. Le champ de vision obtenu est très large, ce qui permet d'inclure de nombreux détails dans la composition. L'ensemble permet de visualiser les ambiguïtés éthiques et morales qui se dégagent de cette ville frontalière sinistre et qui sont les grands thèmes abordés par le film. Sachez que la complexité d'un plan séquence peut vous empêcher d'utiliser la longueur de la focale que vous auriez souhaitée. Ainsi, le plan séquence de *La soif du mal* aurait été impossible à tourner avec un téléobjectif et une faible **profondeur de champ**.

le matériel

N'importe quel matériel peut être utilisé. Libre à vous de mettre en œuvre une grue, une dolly, un travelling, un hélicoptère, une Steadicam, ou pourquoi pas de le réaliser caméra au poing. La mise au point d'un plan séquence peut demander plusieurs jours. Ce fut le cas dans le film *Profession : reporter* de Michelangelo Antonioni (1975), dans lequel un plan séquence de 7 minutes a été tourné en 11 jours.

l'éclairage

La stratégie d'éclairage d'un plan séquence est difficile à mettre en œuvre car il couvre une grande variété d'échelles de plan, et ce sur plusieurs espaces. Si vous tournez des intérieurs, profitez des éclairages ambiants, qui pourront sans problème entrer dans le cadre. Ainsi, les lustres et autres lampadaires ne dénatureront pas la scène. Dans certains cas, un assistant opérateur se déplace avec un éclairage mobile à la main, afin d'assurer la continuité de l'éclairage sur un acteur. Le problème est que cela ajoute un ou plusieurs technicien(s) pour un plan déjà suffisamment compliqué à réaliser. Les intérieurs jours peuvent être éclairés par la lumière provenant d'une fenêtre. La caméra se déplace ainsi librement, sans que l'emplacement des éclairages soit un souci. Les extérieurs nuit sont toujours problématiques. Il existe d'énormes projecteurs destinés à l'éclairage nocturne, mais ils produisent une lumière insuffisamment réaliste. Une alternative consiste à trouver un lieu assez éclairé par des lumières ambiantes. Ainsi, quelques éclairages d'appoint permettront d'obtenir la bonne lumière au bon endroit (comme dans l'exemple tiré du film *Dans ses yeux*). Enfin, sachez qu'il est quasiment impossible d'obtenir un éclairage uniforme sur toute la durée d'un plan séquence. Il est donc impératif de déterminer les moments clés du plan, où mouvement d'appareil et éclairage devront s'accorder le plus harmonieusement possible.

transgresser les règles

Le film d'Aleksandr Sokurov, L'arche russe (2006), est un seul plan de 91 minutes réalisé à la Steadicam. Véritable exploration du musée de l'Ermitage à Saint-Pétersbourg, il permet de traverser trois cents ans de l'histoire de la Russie. Ce plan séquence contient tous les types de plans décrits dans ce livre. Il a pu être réalisé grâce à une Steadicam et à un système de prise de vue vidéo numérique équipé d'un disque dur amovible.

filmographie

2001, l'Odyssée de l'espace, Stanley Kubrick. Warner Bros. Pictures, 1968.

1984, Michael Radford. Umbrella-Rosenblum Films Production, 1984.

Apocalypto, Mel Gibson. Icon Entertainment International, 2006.

Bad Boy Bubby, Rolf de Heer. Australian Film Finance Corporation, 1993.

Barry Lyndon, Stanley Kubrick. Peregrine, 1975.

Bienvenue à Gattaca, Andrew Niccol. Columbia Pictures Corporation, 1997.

Bienvenue Mister Chance, Hal Hashby. Lorimar Film Entertainment, 1979.

Blue Velvet, David Lynch. De Laurentiis Entertainment Group, 1986.

Bons baisers de Bruges, Martin McDonagh. Focus Features, 2008.

Brazil, Terry Gilliam. Embassy International Pictures, 1985.

Caché, Michael Haneke. Les films du Losange, 2005.

Clockers, Spike Lee. 40 Acres & A Mule Filmworks, 1995.

Dans la peau de John Malkovich, Spike Jonze. Gramerci Pictures, 1999.

Dans ses yeux, Juan José Campanella. Tornasol Films, 2009.

Destins violés, D.J. Caruso. Warner Bros. Pictures, 2004.

Dogville, Lars von Trier. Zentropa Entertainment, 2003.

Elephant Man, David Lynch. Brooksfilms, 1980.

Épouses et concubines, Zhang Yimou. Century Communications, 1991.

Et là-bas, quelle heure est-il ?, Tsai Ming-liang. Arena Films, 2001.

Étreintes brisées, Pedro Almodovar. Universal Pictures International, 2009.

Exilé, Johnnie To. Media Asia Films, 2006.

Full Metal Jacket, Stanley Kubrick. Warner Bros. Pictures, 1987.

Gomorra, Matteo Garrone. Fandango, 2008.

Hero, Zhang Yimou. Elite Group Enterprises, 2002.

Hot Fuzz, Edgar Wright. Title Films, 2007.

Il était une fois dans l'Ouest, Sergio Leone. Paramount Pictures, 1968.

In the Air, Jason Reitman. Paramount Pictures, 2009.

Inglorious Basterds, Quentin Tarantino. Universal Pictures, 2009.

Into the wild, Sean Penn. Paramount Vantage, 2007.

Je suis une légende, Francis Lawrence. Warner Bros. Pictures, 2007.

Jeanne Dielman, 23 Quai du Commerce, 1080 Bruxelles, Chantal Akerman. Paradise Films, 1975.

Kagemusha, Akira Kurosawa. Toho Company, 1980.

L'année dernière à Marienbad, Alain Resnais. Cocinor, 1961.

L'arche russe, Aleksandr Sokurov. The Hermitage Bridge Studio, 2002.

La bande à Baader, Uli Edel. Constantin Film Produktion, 2008.

La cité de Dieu, Fernando Meirelles et Katia Lund. 02 Filmes, 2002.

La conversation, Francis Ford Coppola. American Zoetrope, 1974.

La corde, Alfred Hitchcock. Warner Bros. Pictures, 1948.

La famille Tenenbaum, Wes Anderson. Touchstone Picture, 2001.

La guerre des étoiles, George Lucas. Lucasfilm, 1977.

La haine, Mathieu Kassovitz. Canal +, 1995.

La leçon de piano, Jane Campion. CiBy 2000, 1993.

La ligne rouge, Terrence Malick. Phoenix Pictures, 1998.

La mort dans la peau, Paul Greengrass. Universal Pictures, 2004.

La proposition, John Hillcoat. UK Film Council, 2005.

La soif du mal, Orson Welles. Universal International Pictures, 1958.

La vie des autres, Florian Henckel von Donnersmarck. Wiedermann & Berg Filmproduktion, 2006.

Le fabuleux destin d'Amélie Poulain, Jean-Pierre Jeunet. Claudie Ossard Productions, 2001.

Le lauréat, Like Nichols. Embassy Pictures Corporation, 1967.

Le mariage de Maria Braun, Rainer Werner Fassbinder. Albatros Filmproduktion, 1979.

Le parfum : histoire d'un meurtrier, Tom Tykwer. Constantin Film Produktion, 2006.

Le parrain, Francis Ford Coppola. Paramount Pictures, 1972.

Le projet Blair Witch, Daniels Myrick et Eduardo Sanchez. Haxan Films, 1999.

Le scaphandre et le papillon, Julian Schnabel. Pathé Renn Productions, 2007.

Le silence des agneaux, Jonathan Demme. Orion Pictures Corporation, 1991.

Le soliste, Joe Wright. DreamWorks SKG, 2009.

Léon, Luc Besson. Gaumont, 1994.

Les 400 coups, François Truffaut. Les Films du Carosse, 1959.

Les affranchis, Martin Scorsese. Warner Bros. Pictures, 1990.

Les ailes du désir, Wim Wenders. Road Movies Filmproduktion, 1987.

Les anges déchus, Wong Kar-wai. Jet Tone Production, 1995.

Les aventuriers de l'arche perdue, Steven Spielberg. Paramount Pictures, 1981.

Les évadés, Frank Darabont. Castle Rock Entertainment, 1994.
Les fils de l'homme, Alfonso Cuaron. Universal Pictures, 2006.
Les incorruptibles, Brian de Palma. Paramount Pictures, 1987.
Les trois singes, Nuri Bilge Ceylan. Zeyno Film, 2008.
Lucia et le sexe, Julio Medem. Alicia Produce, 2001.
Matrix, Andy Wachowski et Lana Wachowski. Warner Bros. Pictures, 2003.
Memories of a Murder, Bong Joon-ho. CJ Entertainment, 2003.
Michael Clayton, Tony Gilroy. Samuels Media, 2007.
Misery, Rob Reiner. Castle Rock Entertainment, 1990.
Morse, Tomas Alfredson. EFTI, 2008.
Mystery Train, Jim Jarmusch. JVC Entertainment Networks, 1989.
Naked, Mike Leigh. Thin Man Films, 1993.
Old Boy, Park Chan-wook. Show East, 2003.
Paris, Texas, Wim Wenders. Road Movies Filmproduktion, 1984.
Piège de cristal, John Mc Tiernan, Twentieth Century Fox Film Corporation, 1988.
Profession : reporter, Michelangelo Antonioni. Compagnia Cinematografica Champion, 1975.
Pulp Fiction, Quentin Tarantino. A Band Apart, 1994.
Ratcatcher, Lynne Ramsay. Pathé Pictures International, 1999.
Reconstruction, Christoffer Boe. HR. Boe & Co., 2003.
Requiem for a dream, Darren Aronofsky. Artisan Entertainment, 2000.
Reservoir Dogs, Quentin Tarantino. Live Entertainment, 1992.
Rocky, John G. Avildsen. United Artists, 1976.
Seopyeonje, Im Kwon-taek. Taehung Pictures, 1993.
Shining, Stanley Kubrick. Warner Bros. Pictures, 1980.
Sid an Nancy, Alex Cox. Zenith Entertainment, 1986.
Solaris, Steven Soderbergh. Twentieth Century Fox, 2002.
Sueurs froides, Alfred Hitchcock. Paramount Pictures, 1958.
The Rock, Michael Bay. Don Simpson/Jerry Bruckeimer, 1996.
The Truman show, Peter Weir. Paramount Pictures, 1998.
Thelma et Louise, Ridley Scott. Metro-Goldwyn-Mayer, 1991.
Tigre et dragon, Ang Lee. Columbia Pictures Film Production Asia, 2000.
Trainspotting, Danny Boyle. Channel Four Films, 1998.
WALL-E, Andrew Stanton. Pixar Animation Studios, 2008.

index

index des réalisateurs

index filmographique